すっきり！わかる集団的自衛権Q&A！

浅井基文
Motofumi Asai

大月書店

はじめに

この本で取り上げるのは、日本の進路を決定的に左右する問題の一つである「集団的自衛権」です。しかし、この問題が日本の進路を左右する深刻な中身を持っていると理解し、認識している人はそう多くありません。そもそも「集団的自衛権」という言葉自体が、多くの人にとってじつは「何それ？」という程度のことではないでしょうか。その結果、「集団的自衛権」の問題は、「北朝鮮脅威」論や「中国脅威」論といった、私たちの感情に訴える話題と結びつけて議論される状況が生まれています。

政治を行う側（日本政府）からは、次のような主張が行われています。

「日米同盟に対するアメリカの信頼を確かなものとし、中国及び北朝鮮の脅威に対処するためには、集団的自衛権を行使して日米防衛協力の実《じつ》を挙げることが不可欠である。そのためには、この権利の行使を禁じてきたこれまでの九条の憲法解釈を変えるか、九条を改正すべきだ」

最近の世論調査の結果を見ると、多くの日本人がこの政府側の主張をどう考えればよいのか迷っていることがうかがわれます。その迷いの中身をまとめて言えば、次のように要約できるのではないでしょうか。

「戦後長い間、日本が平和でこられたのは平和憲法のおかげだと思う。しかし、中国や北朝鮮の脅威を考えると、アメリカとの同盟関係も大事だ。でも、『集団的自衛権を行使して日米防衛協力の実を挙げることが不可欠である』と言われても、集団的自衛権のことがよくわからないから判断できない」

多くの人が共有する基本的な判断としては、次の諸点にまとめることができるでしょう。

中国の脅威／経済の急成長（今や日本を追いこし、アメリカに次ぐ世界第二位の経済大国）を背景に、中国は軍事大国を目ざしている。とくに二〇一〇年に起こった尖閣海域における中国漁船の衝突事件以来、中国は日本の固有の領土である尖閣諸島に対する領有権を主張し、軍事的な挑発を露骨《ろこつ》に行うようになった。しかも中国は、歴史教育と称して反日教育を行っている。このような中国は日本に対する脅威だ。

北朝鮮の脅威／北朝鮮は拉致事件を起こした危険極まる国家だ。一九九〇年代以後は核ミサイル開発に余念がなく、ノドン・ミサイルは日本に届く。金日成、金正日、金正恩と続いてきた独裁政権は、国内で人権弾圧を行うとともに日本を敵視しており、何をしかけてくるかわからない物騒《ぶっそう》な国だ。北朝鮮は中国と並ぶ日本の脅威だ。

戦後の日本の平和と繁栄／戦後の日本がずっと平和であることができたのは、九条のおかげで戦争に巻きこまれなかったことが大きい。また、経済が急速に復興し、成長を遂げることができたのは軍事小国に徹してきたからであり、それも九条の存在によるところが大きい。しかし、軍事小国に徹することができたのは、日本の安全を日米安保条約によって、アメリカに守ってもらってきたおかげであることも確かだ。占領期のアメリカの寛大な対日政策と独立回復後の日米安保体制が、日本の平和と経済的繁栄に果たしてきた役割は否定できない。憲法と安保が戦後の日本の平和と繁栄を保障してきた。

国際貢献の必要性／経済大国となった日本は、以前のような「一国平和主義」のままでは国際社会の理解が得られない。また、米ソ冷戦が終わってから、国際関係はむしろ複雑で、不安定になっている。国際テロリズムや大量破壊兵器の拡散の危険性に対処するために、日本はアメリカ、国連をはじめとする国際社会と協力していく必要がある。

以上の判断のうえで、多くの人が共通して抱いている疑問・問いとしては、次の諸点にまとめることができると思います。

安保か憲法か／中国は早晩アメリカと肩を並べる経済大国、軍事大国になるだろうから、その脅威に対処するためにアメリカと協力することは、今後ますます重要になるのではないか。また、尖閣諸島を守るためにも日米同盟を堅持することが欠かせないのではないか。

軍事的国際貢献／これから日本が国際貢献を行っていく場合、とくに軍事的にはどこまで踏みこむ必要があるのか、どこで区切りをつけるべきか、つまり、憲法と安保のバランスをどのようにとればよいのかの判断がむずかしい。

対国連協力／国際貢献として国連の平和維持活動に協力することは賛成だし、自衛隊のＰＫＯ派遣も問題はないと思うが、対テロ戦争への協力として、機雷除去のための掃海艇派遣、多国籍軍のための給油艦派遣、イラク戦争での陸上自衛隊派遣などとエスカレートしてくると、憲法との関係で問題ないのか不安や疑問を覚える。とくに政府は、同じＰＫＯに参加している他国の部隊・隊員が攻撃された場合に武器の使用はできないとか、他国が武力行使しているときには自衛隊が後方支援をしてはいけないとかの憲法解釈上の制約があるために、日本の活動が不当に制限されてきたと主張している。こういう主張は一理あると思う。しかしだからといって、憲法解釈を変えてまで国連の活動に協力しなければ国際社会の理解が得られない、ということなのだろうか。

日米同盟／以上の軍事的国際貢献、対国連協力も含めて、日米同盟の信頼性を確保するために、日本が積極的に対米軍事協力を行う必要があるという政府の説明は一応わかる。しかし、そのために九条の制約を完全に取り払うべきだ、改憲が必要だという主張に対しては抵抗を感じる。憲法の範囲内での日米の軍事協力ではいけないのか。

とくに政府は、日米軍事協力の実を挙げるために集団的自衛権の行使が欠かせず、「集団的自衛権の行使は憲法違反」とする、従来の憲法解釈は変える必要があると主張している。その例として政府は、アメリカの艦艇が攻撃されたときに日本が何もしない、あるいは、アメリカに向けて発射された核ミサイルが日本の上空を通る際に日本が何もしないというようなことでは、アメリカとしては、同盟国として最低限のこともしない日本を守る気持ちにはならず、同盟関係は維持できなくなるとしている。こういう主張には一理あると思うが、どうしても引っかかる気持ちがぬぐえない。

アメリカの軍事政策／アメリカが対イラク戦争を始める際の理由とした、イラクの大量破壊兵器開発の事実はなかったし、国連安保理決議が得られなかったのに戦争を強行した。戦争には勝利したが、イラク情勢は今も混乱し、平和と安定は生まれていない。アメリカは、対アフガニスタン戦争でも泥沼だ。リビアの内戦でも、アメリカとＮＡＴＯは軍事作戦を強行した。その結果、カダフィ政権は打倒されたが、リビアは混迷したままだ。このように、アメリカの軍事政策には重大な問題がある。

日米同盟の信頼性を確保することは重要だと思うが、これまでの日本はアメリカの言うなりになってきた印象が強く、これではいけないと思う。アメリカの政策がまちがっているときにはハッキリ反対し、意見をいうのが真の意味の同盟国ではないのか。

集団的自衛権／以上のいずれの問題に関しても、集団的自衛権という問題がかかわってくることが理解できる。ということは、「集団的自衛権とは何か」ということがハッキリしないと、これらの問題についてしっかりした判断ができないということだろう。しかし、この点についてわかりやすい説明をこれまで聞いたことがないので、どう判断すればよいのか迷ってしまう。

憲法解釈／九条の解釈を変更するべきだという主張がある。その理由としては二点あるようだ。一つは、これまでの法制局の解釈がそもそもまちがっていたというものらしい。またもう一つは、国際情勢の変化に応じて、憲法の平和主義について弾力的な解釈を加えるべきだということのように見える。

前の点については、法制局の歴代長官を務めた人々から、「それはできないはずだ」という声が上がっている。また、数十年にわたって政府が採用してきた解釈が、そもそもまちがっていたとするのはあまりにおかしい。しかし後の点については、これまでも政府が九条解釈を変えたことはあるし、新しい国際情勢の下で見直しをするべきだという主張はおかしいことではないと思う。要は解釈の中身次第ではないか。

日本と世界／よくわからないが、今私たちに問われているのは、日本がこれから世界とどのようにかかわっていくかということではないか。政府側が主張しているのは、アメリカや価値観を共有する国々と協力して、外交・安全保障の面で、世界を積極的にリードしていくべきだということらしい。しかし、外交の大切さはわかるが、軍事面を強調する政府の主張には素直に賛成と言えないものを感じてしまう。とはいえ、日本はどのように世界とかかわっていくことが正しいのかについては、よくわからない。

この本は、「集団的自衛権」に関して皆さんがもっている判断と疑問・問いに対して向きあう試みです。この本では、皆さんのもっている判断が正解かどうかをチェックするために、必要な事実関係を明らかにしたいと思います。

また、皆さんがもっている疑問・問いについて、皆さん一人ひとりが納得できる答を出すことができるように、できるかぎりの客観的な判断材料を示すことをもう一つの目的としています。

この本の読み方ですが、最初から終わりまでを順番に読んでいくという構成になっています。しかし、集団的自衛権と国連の集団安全保障体制を扱っている第Ⅱ章は、すんなり読み進めるのがむずかしいと感じる人がいるかもしれません。第Ⅱ章は、皆さんの判断、疑問・問いについて考えるうえでは避けて通れない部分ですし、第Ⅲ章を読むうえで必要な知識ですが、むずかしいと感じる人は、第Ⅰ章から第Ⅲ章に進んでいただき、第Ⅲ章を読んでいるなかで、第Ⅱ章の関係部分をチェックする読み方でもよいと思います。

もくじ

I

「集団的自衛権」のここが知りたい

Q1 「集団的自衛権」ってそもそも何だっけ？

◆最近、「集団的自衛権」という言葉が盛んに耳に入るようになったけど、なにがあったの？
◆「集団的自衛権」というと安倍首相が熱心らしいね。安倍首相は何を考えているの？
◆安倍首相肝いりの「安全保障の法的基盤の再構築に関する懇談会」が、「集団的自衛権」について検討して、報告書を出すということらしいけど？
◆「集団的自衛権」とは「戦争する権利」のことだと言う人もいるけど、もう戦争はしてはいけないんではなかったっけ？
◆「集団的自衛権」の中身はハッキリしているの？　それともグレイな部分とか、議論が分かれるようなことはあるのかな？

A

「集団的自衛権」という話題が近ごろ、テレビの報道番組などでかなり頻繁に取り上げられるようになりました。それは、憲法改正にとりわけ熱心な安倍晋三氏が首相になったことと大きな関係があります。

しかし、この問題が大きな政治問題として出てきた国際的な背景には、一九九〇年代はじめの湾岸危機・戦争をきっかけにして起こった「国際貢献」、とくに「国際的軍事貢献」という問題があります（→Ⅲ、Ｑ2）。また、国内的背景としては、自民党が早くから憲法改正、とくに第九条の改正を主張してきた政党であるということも忘れるわけにはいきません（→Ⅲ、Ｑ1）。

タカ派政治家・改憲論者として歴史に名を残す岸信介氏を母方の祖父とする安倍氏は、早くから改憲論者でした。また彼は、小泉政権の下で官房副長官をつとめ、「集団的自衛権は行使できない」とする政府自身の憲法解釈のために、対テロ戦争や対イラク戦争で日本が思いどおりに行動できないことに、問題意識を募らせていたという背景も見逃せません。ですから、安倍氏が二〇〇六年に首相になってから改憲に意欲を燃やしたのは当然です。

そのための布石が、安倍首相が二〇〇七年に私的諮問機関として作った「安全保障の法的基盤の再構築に関する懇談会」（安保法制懇）でした。しかし、その時は、安倍首相が体調不良で早々と退陣してしまったため、安保法制懇は報告書を作った（二〇〇八年）のですが、ウヤムヤになっていたのです。

二〇一二年に再登板した安倍首相は、二〇〇六年当時より改憲にさらに熱心ですし、とくに憲法第九条の制約で「できない」とされている「集団的自衛権の行使」を実現することに、意欲を燃やしています。休眠状態だった安保法制懇の活動を再開させ、二〇〇八年当時よりさらに突っこんだ報告書の提出を踏まえ、国内のこの問題に対する関心と支持を盛り上げ、自分の任期中に「集団的自衛権の行使」実現を可能にする、政府の憲法解釈の変更を成し遂げたいと考えているようです。

再登板した当初の安倍首相は、憲法改正そのものに意欲を燃やしていました。しかし、世論が憲法改正には消極的であることがわかるにつれて軌道修正し、今は解釈改憲に的を絞っている感じです。

「集団的自衛権」の中身については、これから順を追って説明したいと思っています。ただし、前もってハッキリさせておきたいことがあります。

一つは、「集団的自衛権」とは「戦争する権利」のことと理解する向きが、「集団的自衛権の行使」に賛成する側にも反対する側にもありますが、それは正しくないということです。と言いますのは、国連憲章はいっさいの「武力による威嚇又は武力の行使」を「慎む」という表現で、戦争そのものを違法化しています（第2条4）。したがって、「戦争する権利」は、もはや今日の国際法では認められていないのです。

もう一つは、「集団的自衛権」という権利は、「自衛権」とともに、違法となった戦争の例外として、国連憲章によって認められたということです。つまり、国内の警察に当たる組織がない国際社会では、万一他の国などから武力攻撃を受けた場合に自分・自分たちで身を守るほかない場合があるということを、国連憲章は「自衛権」・「集団的自衛権」として認めたのです（第51条）。このことを「戦争する権利」だと理解してしまう向きがありますが、それはまちがいです。

なお、「自衛権」は過去の前例による蓄積もあり、その中身は、在外自国民の保護及び「先制自衛」の問題などを除けば、国際法としてはある程度までハッキリしています。しかし、「集団的自衛権」については、国連憲章ではじめて登場した「権利」であり、その中身についてはあいまいな部分が少なくありません。また、国連憲章第51条の規定の文言をどう理解するべきかをめぐって、国際的に議論が非常に分かれています。だから、「集団的自衛権」はとても議論がある「権利」と言えるでしょう（→Ⅱ、Q1）。

Key point《キーポイント》

●安倍首相は「集団的自衛権の行使」を可能にするため、政府の憲法解釈を変更しようとしている。

●安保法制懇は、安倍政権下で二〇〇八年に報告書をだし、現在新報告書を作っている。
●「集団的自衛権」とは「戦争する権利」のことではない。国連憲章によって戦争そのものは違法化されている（第2条4）。
●「集団的自衛権」は「自衛権」とともに、違法となった戦争の例外として、国連憲章によって認められた（第51条）。解釈には国際的な議論がある。

Q 2

権利である以上、行使できるのは当然だろう。「できる・できない」の議論があるのはなぜ？

◆「日本は憲法第九条の制約があるから、集団的自衛権の権利を行使できない」って聞いたけど、「使えない権利」なんておかしいじゃない？
◆そもそも、日本国憲法と「集団的自衛権」ってどういう関係にあるの？
◆ほかの国でも、日本と同じような議論が起こっているの？　それとも、日本だけの現象？

A

「集団的自衛権」は国連憲章ではじめて認められた権利ですが、日本が国連憲章に基づいて国連加盟国になったことにより、この権利を有することは誰も異論がありません。というより、国連憲章第51条は「個別的又は集団的自衛の固有の権利」と言っています。この「固有の」という意味は、「主権国家である限り当然持っている」という意味だと広く理解されています。つまり、集団的自衛権は主権国家にもともと備わっている権利、というのが国連憲章の趣旨です。

権利である以上使える（行使できる）のは当然で、「使えない（行使できない）権利」ということはありえない。だから、「集団的自衛権」についてそういう議論が起こること自体がそもそも理解できない、という疑問が生まれるのはある意味もっともだと思います。

しかし、どのような権利についても言えることですが、権利の主張が無制限に認められるかといえば、そうではありません。日本国憲法は基本的人権について、「侵すことのできない永久の権利」（第一一条）としていますが、「濫用してはならない」し、「常に公共の福祉のためにこれを利用する」責任がある（第一二条）としています。つまり、他人の正当な権利を侵すような権利の主張は、権利の濫用として認められないのです。また、「公の秩序又は善良な風俗」つまり公序良俗に反する行為も無効とされます（民法第九〇条）。ですから、どのような権利についても、「行使できる、できない」ということは起こりうるわけです。それでは、「集団的自衛権」について、「行使できる、できない」という議論があるのはどうしてでしょうか。そのことを理解するためには、日本国憲法第九条の成り立ちを理解することが必要です。

日本は第二次世界大戦で敗北し、米英中首脳が作成（後でソ連も参加）した、日本の降伏条件を定めたポツダム宣言を受け入れて降伏したのです。ポツダム宣言が出した降伏条件とは、軍国主義の根絶（第6項）、完全な武装解除（第9項）、民主主義と基本的人権尊重の確立（第10項）などです。そして日本を占領したアメリカの指導のもとで、ポツダム宣言の以上の降伏条件の趣旨を体した日本国憲法が作られたのです。日本国憲法第九条はこうして生まれました。ちなみに私は、第九条が体している平和観を「力によらない平和」観と名づけています。したがって、第九条の条文、とくに戦争放棄と戦力不保持の意味を理解するには、ポツダム宣言と第九条との関係を忘れるわけにはいかないのです。

第九条と自衛権・自衛隊、日米安保体制との関係については項を改めて説明します（→Ⅲ）。

ここでは、政府の「憲法解釈の番人」とも言われる内閣法制局が「集団的自衛権は行使できない」とし、歴代政権がそれを政府の公式見解としてきた事情についてお話しします。

歴代政権と法制局の最大の悩みどころは、第九条と日米安保との折り合いをどうつけるかということでした。ちなみに私は、日米安保が体する平和観を「力による平和」観と名づけています。「力によらない平和」観と「力による平和」観という、水と油の関係にどう折り合いをつけるのか。それは取りも直さず、アメリカの対日占領政策の一八〇度の転換にどう付き合うのかという問題でした。そしてアメリカの対日政策の大転換は、一九四〇年代の東アジア情勢の急激な変化に対する対応として起こったものでした。

アメリカは、第二次大戦の同盟国だった蔣介石の中華民国政府をパートナーとして、戦後のアジア政策を考えていました。日本についてはポツダム宣言に基づいて民主化し、軍事的には徹底的に無害化し、日本が再び軍事的に復活することを許さない方針でした。だから平和憲法であり、第九条だったのです。

しかし、中国大陸に共産党政権が成立（一九四九年）すると、アメリカはアジア政策の根本的見直しと、日本を反ソ反共のとりでとして再建する必要に迫られました。そこでアメリカは、日本の独立回復を認めると同時に、その見返りとして日米安保条約を結ぶことを迫ったのです。

困ったのは日本政府でした。すっきりした解決策は、いわゆる九条改憲を行ったうえで日米安保条約を結ぶことです。しかし、第九六条に定める手続きを踏んだ改憲に成算を持てなかった政府（この点では昔も今も事情は変わりません）は、解釈改憲という方法に訴えて、第九条と日米安保条約との間に横たわる矛盾を乗りきろうとしたのです。そのさわりとも言うべきポイントが、「第九条は自衛権（個別的自衛権）を否定していないが、他国を守る権利（集団的自衛権）までは認めていない」、とすることでした。

なぜ政府（内閣法制局）がこのような解釈を余儀なくされたかといえば、一つはポツダム宣言に基づく憲法という重みを無視することはできなかったからであり、もう一つはアメリカの対日軍事要求を断ることも、独立回復を先延ばしする決断なしには不可能だったからでした。

そして、政府（内閣法制局）はその後、湾岸危機・戦争が起こるまで解釈改憲の手法を繰り返すことで、第九条（「力によらない平和」観）と日米安保（「力による平和」観）との間の矛盾を、さながら曲芸人のように綱渡りしてきたのです。アメリカも、当時はまだ国力に余裕があったし、米ソ冷戦も長年にわたって膠着したままでしたから、そういう日本政府の「一国平和主義」的な対応について大目に見ていました。

話を先に進める前に、北大西洋条約機構（ＮＡＴＯ）で、一九八〇年代後半から進んでいたことをお話ししておく必要があります。私は、一九八六年にたまたま外務省から派遣されて、ロンドンにある国際戦略研究所（ＩＩＳＳ）に一年間客員研究員として滞在していました。そして、一九八五年にソ連の政治の中心に座ったゴルバチョフが、「ペレストロイカ」「グラスノスチ」の政策を推し進め、その結果として東西冷戦構造が音をたてて崩れていく状況、それをいかに受けとめるべきかをめぐって始まった西側（ＮＡＴＯ諸国）の、安全保障に関する活発な議論をつぶさに観察したのです。正に官民を巻きこんだ激しい、しかもオープンな議論が行われていました。

議論の一つの大きな焦点は、ソ連という脅威に対抗することを目的としてきたＮＡＴＯは、ソ連の軍事的脅威がなくなった後も存在理由があるのかという点にありました。私は、当時朝日新聞（国際版）を購読していましたので、ソ連の変化にかかわるＮＡＴＯ諸国と日本国内の世論状況とのあまりの落差を痛感しました。その落差についての印象はあまりにも強烈だったので、今も鮮烈に記憶しています。ソ連の激しい変化の進行を目の前にしているにもかかわらず、日本の世論は無風状態でした。ＮＡＴＯ諸国と日本とのこの違いが、湾岸危機・戦争に対する対応の違いを生んだ重要な原因だったと思うのです。

話を元に戻します。一九九〇年に起こった湾岸危機（一九九一年に湾岸戦争にエスカレート）が直接問いかけたことは、クウェートという独立主権国家に侵攻し、これを軍事占領し（八月二日）、あまつさえ併合する（八月八日）挙に出たイラクのサダム政権に対して、国際社会そして各国はどう対応するべきか、という根本にかかわる問題でした。イラクは国連憲章を公然と踏みにじったのです。米ソ冷戦が支配していた時代には起こりえなかった問題が、突如として国際社会に突きつけられました。

湾岸戦争については集団安全保障とのかかわりで後にも取り上げます（→Ⅱ、Ｑ２）が、ここでは事実関係だけ紹介します。中東政治、なかんずくアラビア半島情勢には死活的関心があるアメリカ（ブッシュ・父政権）は直ちに反応し、世界に檄《げき》を飛ばして有志を募る形で世界初となる多国籍軍を組織しました。

国連安全保障理事会は、憲章第７章に基づいて決議６７８を採択（一一月二九日）し、イラクに対して期限を定めてクウェートから撤兵することを要求し、それに応じなければ一九九一年一月一五日を期して、イラクに対して武力を行使して撤退させる権限を多国籍軍に与えました（対イラク武力行使容認決議）。

この決議を受けて対イラク攻撃が開始（一月一七日）されイラクは大敗し、クウェートを解放（二月二七日）したブッシュは同日停戦を発表し、三月三日に暫定停戦協定が結ばれて湾岸戦争は終わりました。

湾岸危機・戦争は、国際の平和と安全を守り、回復するためにはどのような方法があるかを問いかけました。アメリカは最初から、国連のお墨付きが得られるか否かにかかわりなく、クウェートを守るために集団的自衛権の行使に訴えて、イラクを武力で撃退する方針でした。

試練に立たされたのは国連でした。本来であれば、イラクに不法な行動をやめさせるべき責任は国連安保理にあります。しかし、安保理決議は聞く耳持たぬイラクに対しては無力でした。しかも国連は、自前の国連軍を組織する可能性がゼロでした。結局、安保理はアメリカ主導の多国籍軍に対して、武力行使のお墨付きを与えることしかできませんでした。

湾岸危機・戦争に対してどういう立場で臨むかが、日本を含む世界各国に鋭く問われたのはこういう背景のもとでした。一九八〇年代後半からＮＡＴＯのあり方を議論していたＮＡＴＯ諸国の多くは、積極的にアメリカ主導の多国籍軍に参加しました。これに対して「一国平和主義」の安眠を貪っていた日本政府は、対応が後手、後手に回りました。多国籍軍に対して合計約一三〇億ドルもの資金協力を行いましたが、第九条のもとで多国籍軍に参加することはありえないことでした。

アメリカはそういう日本が大いに不満で、「カネだけではなく、血も流せ」と迫ったのです。日本政府はこの極めて苦い体験を踏まえ、それを繰り返さないとする方針のもと、「軍事的国際貢献」の道を模索することになりました。日本政府にとってそれは、「第九条の制約をどのようにして乗りこえるか」という問題にほかなりませんでした。この問題については次の項でさらに考えてみたいと思います。

最後に、「集団的自衛権を行使できる、できない」という問題に向きあわなければいけないのは、世界の中で日本、日本人だけであることはまちがいありません。なにしろ、ポツダム宣言を受け入れて、国際紛争を解決する手段としての武力の行使を放棄（戦争放棄）し、戦力を持たないことを自らに課した国は日本だけですから。このような国家のあり方は、世界史において前例がありません。第二次世界大戦に敗北した日本は、正に国家観の革命をやってのけたとも言われる所以です。

このことを「けしからん」ことと考えるか、それとも「これこそが日本の生き方だ」と考えるかについては、一人ひとりの国家観、世界観、平和観にもかかわることで、各人各様でしょう。

私としては、「二一世紀の世界で日本はどういう道を歩んでいくべきか」という問いかけは、私たち主権者一人ひとりに正面から問われている問題だという事実をまず確認したいと思います。そして、この本を読み終えたときに、この本を読んでくださる皆さん一人ひとりが、この問題に対して自分なりの答を見出すことにお役に立てればよいな、と思っています。

Key point《キーポイント》

●「集団的自衛権」は、主権国家にはもともと備わっている権利だと国連憲章で認められているが、どのような権利についても「行使できる、できない」ということは起こりうる。

●「集団的自衛権」について「行使できる、できない」という議論があるのは、日本国憲法第九条の成り立ちと密接な関係があるからだ。

●日本が受け入れたポツダム宣言には「軍国主義の根絶（第6項）」、「完全な武装解除（第9項）」、「民主主義と基本的人権尊重の確立（第10項）」が含まれ、その精神に基づいて日本国憲法がつくられた。

●歴代政権と法制局の最大の悩みは、憲法第九条と日米安保との折り合いをどうつけるかであり、それは、日米安保による「力による平和」観と、九条による「力によらない平和」観との折り合いである。

●九条改憲を行うことが困難と判断した政府は、解釈改憲という方法に訴えて、第九条と日米安保条約との間に横たわる矛盾を乗りきろうとしてきた。

●「集団的自衛権の行使」の問題に向きあわなければならないのは、日本固有の問題である。なぜなら日本は、国際紛争を解決する手段としての武力の行使を放棄（戦争放棄）し、戦力を持たないことを自らに課しているからである。

Q3

湾岸危機・戦争以来、「軍事的国際貢献」ということが言われるようになったのはなぜ？

◆湾岸危機・戦争で、アメリカが日本に「カネだけでなく血を流せ」と言ってきたのは本当の話？お金を出すだけではダメなの？

◆アメリカの戦争に協力することが、どうして「軍事的国際貢献」ということになるのかな？そもそも「軍事的国際貢献」ってどういうことなの？

◆「軍事的国際貢献」って、具体的には自衛隊がＰＫＯ参加するということでしょう？

◆日本が行ってきた「軍事的国際貢献」にはどのようなものがあるの？

A

湾岸危機・戦争以来、「軍事的国際貢献」ということが言われるようになったのには、日本ならではの事情があります。一九八〇年代までの平和・安全保障についての国内の世論がどのようなものであったかを、知っている人には記憶を呼びおこしていただきたい（若い人々には日本の現代史の本をひもといて、想像力をたくましくしていただきたい）のですが、憲法とくに第九条を支持する人は当然のこととして、これに批判的な人にとっても、日本が軍事的に国際関係の出来事にかかわっていくなどということは当時ではおよそ考えられない、いわば「想定外」のことでした。そういう受けとめ方は、いわゆる保守を自認する人を含め、それこそ国民的な常識だったのです。

私は二〇年前（一九九三年）に書いた『新保守主義』という本で、湾岸危機・戦争の当時に自民党幹事長（一九八九～九一年）だった、小沢一郎氏の政治思想を分析したことがあります。その一節を抜き書きします。私の以上の指摘が、けっして的外れではないことを理解していただけると思います。

小沢は、改革すべき対象と考える日本の戦後の政治をどのように捉えているのだろうか。彼はこの問題について多くの場で発言しているが、その趣旨は極めて一貫している。小沢自身の随所での発言をつなぎ合わせると、おおむね次のような基本的な認識が浮かび上がってくる。

「戦後は……冷戦構造という日本にとって好都合な環境の中で、（日本は）世界の平和や自由や民主主義のための負担や責任は負わなくてすんできたわけですから。国際政治は全部アメリカに任せ」（『サンデー毎日』）、「ただひたすら経済復興（に邁進し）、その他のことについては、いろんな理屈をつけながらできるだけ触らないで、うまく当面をくぐり抜け」（『Voice』）、「ただ一生懸命働いて稼ぎ、その稼いだものを出来るだけ公平に分配する……それだけが日本の政治でした。要するに、……予算を日本人同士で分配することだけが政治の仕事で、基本的には政治の働く場はどこにもなかったのです。政治的な見識や政策は必要ない。……分配の談合だけで済んできたわけです。（中略）これが冷戦時代の日本の政治構造でした」（『文藝春秋』）。

このような小沢の評価は、いくつかの点で重要な意味を持っている。まず小沢は、…自民党政治の下にあった日本は、対外関係ではひたすらアメリカにつき従い、国際社会との係わり方など考えようとしなかった、ということを言外にせよ認めていることがポイントの一つ。それでは国内において自民党政治には見るべきものがあったと小沢が判断しているかといえば、彼自ら「分配の談合だけ」と言い切るように、これまた貧弱なものでしかなかったことを率直に認めていることがいま一つのポイントである。要するに、日本そして日本人の、自分さえよければほかのことは構わないという「一国平和主義」的な生き方は、まさに戦後の自民党政治の所産にほかならなかった、ということを小沢が認めているに等しい。（82〜83頁）

したがって、湾岸危機が起こり、アメリカがすぐさまイラクに対して軍事的対決の方針を明らかにして世界各国に協力を要求したとき、たとえて言うならば日本では、国中の頭が真っ白になってしまったのでした。なぜならば、アメリカの要求は客観的に言って、私たち日本人に二つの問題を直視することを迫るものだったからです。そして、その二つのいずれもが、戦後一貫して日本人の多くが直視することを避けて通ってきた問題だったからです。一つは、主権者である私たち日本人が日本という国家をどのように認識し、その国家を国際社会の出来事にどのようにかかわらせるのかという、国家観の問題です。今一つは、これまでどおり「力によらない平和」観の立場を守るのか、それともアメリカの要求に応じて「力による平和」観の立場をはっきりさせるのかという、平和観の問題でした。

国家観の問題は、戦後一貫して国民的に向きあうことが回避されてきた問題でした。戦争を体験して「戦争はコリゴリ」という実感を持つ多くの国民にとって、「自分たちを戦争に巻きこんだ国・国家」というマイナス・イメージは、少なくとも一九五〇年代までは極めて強いものがありました。国家という言葉を聞くだけで身構え、いやな気分を味わう人はけっして少なくなかったのです。

いわゆる高度経済成長の一九六〇年代以後になりますと、戦争を知らない世代が次第に増えて世代交代が進むとともに、戦争についての国民的な記憶が薄まり、多くの人の関心が経済生活（物質的関心）に集中するようになりました。それにつれて国家そのもののマイナス・イメージも次第に薄れていったのですが、それに代わって強まってきたのは、「国家？　何それ？」といったたぐいのいわゆる無関心でした。忠誠の対象は、たとえば会社であって日本という国家ではありませんでした。

要するに戦後の長い時代を通じて、国家観の問題は多くの国民にとって「うさんくさいもの」あるいは「自分には関係がない」ものだったのです。しかし、ポツダム宣言を受け入れ、その結果として日本国憲法を持つことになった日本人（日本の国籍を持つ私たち）にとって、新しい国家観を育むことは、本来であれば大きな課題だったはずです。多くの国民が国家を遠ざける状況に対しては、新憲法を強く支持した憲法学者及びいわゆる革新政党こそが、あるべき新しい国家観（私は「人民が権力の上に立つ国家」観と言います）について、主権者である国民の自覚を促す役割を果たすべきでした。

しかし、国家観を正面に据えた憲法論はほとんどなかったし、革新政党にも国家論は不在でした。したがって、「日本は国家としてどのように対処するのか」という問いかけが正面から突きつけられたとき、多くの国民、憲法学者そして革新政党は「打てば響く」答を用意することができなかったのです。

これに対して政府・自民党は、湾岸危機が起こった当初は確かに右往左往したのですが、いわば「できあい」の国家観を引っぱり出すことによって、短期間に態勢を立て直しました。「できあい」の国家観とは、第二次世界大戦に敗北するまでの日本においてあたりまえだった国家観（私は「権力が人民の上に立つ国家」観と言います）のことです。

ポツダム宣言は、こういう国家観を否定することを日本に対して要求していました。昭和天皇の終戦詔書及び降伏文書は、ポツダム宣言の条項を履行することを約束しました。

戦後の日本政治を長年にわたって担ってきた政府・自民党は、多くの国民が国家の問題を遠ざける雰囲気を敏感に察して、国家の問題に深入りすることを慎重に避けてきました。とはいえ、「深入りを避ける」ということは、政府・自民党にはなんの国家観の備えもなかったということではありません。というより、政府・自民党は戦前からの国家観をそのまま受けつぎ、温存してきたのです。

その点を理解するうえでは、昭和天皇の終戦詔書の中身がとても参考になります。私は、終戦詔書がポツダム宣言をどのように扱ったのかに関心があって、その内容をチェックしたことがあるのですが、その時改めてじつに興味深い文章だと思いました。言うならば、いま安倍晋三氏が力説する国家観及び歴史観のさわりは、終戦詔書の中に含まれていることを確認したのです。

終戦詔書は、「神州ノ不滅ヲ信シ任重クシテ道遠キヲ念ヒ総力ヲ将来ノ建設ニ傾ケ…誓テ国体ノ精華ヲ発揚シ世界ノ進運ニ後レサラムコトヲ期スヘシ」と言っています。いまの言葉で言い換えるならば、「神国・日本は不滅であることを信じ、任務は重く道は遠いことを考え、国家のこれからの建設に日本国民の総力を振り向け、国体の真髄を大いに明らかにし、世界の進歩向上の機運に後れを取らないようにしなければならない」ということでしょう。

「神州（神国・日本）」そして「国体の精華」という表現が堂々と出ているということは、ポツダム宣言は受けいれて降伏するけれども、これまでの国家観を改める気持ちはなく、これからもこの国家観でいくのだという意思を表したということでしょう。そして、それはひとり昭和天皇の個人的な意思表示であったのではなく、戦後の日本政治を担ってきた政府・自民党の人たちの多くが共有してきたものです。

少し脇道にそれますが、終戦詔書の歴史についての見方（歴史観・認識）についても触れないわけにはいきません。歴史観と国家観はいわば不即不離の関係にあるからです。

終戦詔書は、日本が米英に対して宣戦布告したのは、「帝国ノ自存ト東亜ノ安定トヲ庶幾スル（国家としての生存と東アジアの安定を願う）」気持ちに基づくもので、「他国ノ主権ヲ排シ領土ヲ侵ス」意図はまったくなかったと言います。つまり、日本が行った戦争について非難されるいわれはないとする立場です。ではなぜ終戦（敗戦とは言いません）を受けいれたのかと言えば、「戦局必スシモ好転セス（戦局が思うように好転しなかった）」、「世界ノ大勢亦《また》我ニ利アラス（イタリアに続いてドイツも敗戦して日本にとって不利な国際情勢となった）」、しかも「敵ハ新ニ残虐ナル爆弾ヲ使用シテ…惨害ノ及フ所真ニ測ルヘカラサルニ至ル（アメリカが原爆を落とすまでになって、想像つかない被害を受ける恐れが出てきた）」ので、「堪ヘ難キヲ堪ヘ忍ヒ難キヲ忍ヒ（耐えがたい屈辱を我慢して）」、ここはひとまず旗を収めてまたの日に捲《けん》土《ど》重来《ちょうらい》を期するのだというわけです。

私は、安倍晋三氏の主張に代表される国家観、そして歴史観は昭和天皇の終戦詔書に源を発していると考えても的外れではないと思います。そして、政府・自民党はこの「できあい」の国家観を湾岸危機に際して再び持ちだしてきたということなのです。

それでは、もう一つの問題である平和観のほうはどうなのでしょうか。平和観の問題は、一九五〇年代まで日本国内の世論を真っ二つに分ける問題でした。それは、日本の平和を守るよりどころは憲法（第九条）か日米安保かという問題、つまり「力によらない平和」観か「力による平和」観かという問題でありました。しかし、国家観の場合と同じく一九六〇年代からは様子が変わっていきました。

一つには、政府・自民党が政治・安保から経済・生活重視へと政策転換を推し進めて、国民的な関心を変えることに成功したことが挙げられます。国民生活が改善・向上することを背景に「中流意識」が広がったことは、変革を求める「革新」よりも現状維持の「保守」をより支持する流れを強め、「日米安保によって日本の平和と安全を維持する」という政府・自民党の政策を受けいれる土壌となっていきました。

もう一つの事情としては、一九七二年に実現した米中関係の改善、そして日中国交正常化により、日本を取りまく国際環境に大きな変化が生まれたことがあります。

一九六〇年代までは、日米安保は日本を再び戦争に巻きこむ恐れが強い危険なもの、という受けとめ方がそれなりに強くありました。とくにソ連と中国が日米安保体制、そしてそれを堅持するアメリカと日本を強く批判していましたので、すべての国々と友好的な関係を築いてはじめて日本は平和であることができるという考え方（中立平和の主張）が広く支持されていたのです。

しかし、一九六〇年代はじめにいわゆる中ソ対立が起こり、一九七〇年代に入ってアメリカと中国が関係改善を進めたことでアジアの国際環境に激変が起こり、日本国内における国際情勢、そして日米安保についての見方にも大きな変化が生まれました。とくに中国は日米安保に対する批判をしなくなっただけでなく、むしろ「ソ連の脅威」に対抗するために日米安保は意味がある、という位置づけを行うようになりました。中国の日米安保に対するこのような姿勢の変化は、日本では伝統的に「ソ連脅威」論が根強かったこともあって、安保肯定の国内世論を強める方向に働きました。しかし、「第九条のおかげで日本は戦争に巻きこまれずにすんでいる」という受けとめ方がなくなったわけではありません。先の小沢一郎氏の発言にもあったように、政府・自民党自体が「一国平和主義」にどっぷりつかっていたのです。

こうして湾岸危機が起こる前までの日本国内では、「憲法（第九条）も安保も」という平和観が広がることになりました。つまり、「日本が戦争に巻きこまれないのは第九条のおかげ」、「日米安保のおかげで日本の平和と安全が保たれている」という二つの受けとめ方が、多くの国民の平和意識の中にすんなりと同居したのです。こういう事情が背景にあったからこそ、湾岸危機が起こったとき、「軍事的国際貢献」という表現で日本の国際社会との係わり方が政府・自民党から提起されることになったのです。

もう一度復習ですが、湾岸危機が日本を含めた国際社会に問いかけたのは、「クウェートという独立主権国家に対して国際法で禁止された戦争をしかけ、これを軍事占領し、その独立を奪うという国連憲章違反を行ったイラクに対してどう立ち向かうか」という問題でした。日本政府が断固としてイラクの国際法違反の行動を批判し、イラク軍のクウェートからの撤退を要求したのは当然のことです。

アメリカが直ちにとったのは、アメリカ主導の多国籍軍でイラクと対決し、イラクの出方次第では軍事的解決に訴えるという方針でした。しかし、日本としては多国籍軍に参加するという決断はできようはずがありませんでした。ところがアメリカはそんな日本を大目に見過ごすことはなく、他の同盟国と同じように軍事的にも協力しろと迫ったのです。それが「カネだけではなく、血も流せ」という要求でした。

窮状をなんとか打開しようとした政府が着目したのは、国連に対して好意的な世論の存在でした。日本国内には戦後長い間を通じて、国連に対して素朴な期待と信頼を寄せる世論があります（その状況は今日も変わりありません）。政府・自民党は、アメリカに対する軍事協力には反対する世論も、国連に対する協力ということであれば納得するだろうと読んだのでした。

そこで政府は、「国連平和協力法」をつくり、国連に協力するという理由づけで自衛隊の海外派遣を実現し、対米協力の実を挙げようとしました。しかし国連平和協力法は成立せず、湾岸戦争の時にはまにあいませんでした。しかし政府・自民党は「新たな国際貢献策」(一九九〇年一一月の自公民三党合意)として、国連平和維持活動協力法(いわゆるPKO法)の成立を目指すことになりました。

以上の経緯からわかるように、第九条の制約があるのであからさまに対米軍事協力はできない、しかし、国連に対する協力つまり国際貢献としての自衛隊の海外派遣ならば第九条との関係で問題はないはずだ、というのが政府・自民党が「軍事的国際貢献」を強く言うようになった背景にあるのです。

しかし、「軍事的国際貢献」という言い方は、以上に紹介した国民の複雑な平和観に配慮してつくられたものであり、政府・自民党にとっては本意ではありません。というより、日米同盟にふさわしい内容の対米軍事協力を堂々と進めていきたいわけです。

したがって政府は、PKO活動に対する参加と並行して、一九九一年の掃海艇のペルシャ湾派遣を皮切りに自衛隊法に基づき、あるいは周辺事態法(一九九九年)、テロ対策特別措置法(二〇〇一年)、イラク復興特別措置法(二〇〇三年)など、様々な法律を根拠として自衛隊の実戦部隊の海外派遣を進めてきました(対テロ特別措置法に基づく給油艦などのインド洋派遣・二〇〇一〜二〇一〇年、イラク特別措置法に基づく陸上自衛隊のイラク派遣・二〇〇四〜二〇〇六年、ソマリア沖海賊対策の部隊派遣・二〇〇九年〜など)。そして二〇〇六年には改正防衛省設置法及び自衛隊法が成立することで、自衛隊の海外派遣が本来任務とされました。

自衛隊の海外派遣としては以上だけではなく、じつに様々なものが行われています。難民救援としては、ルワンダ(一九九四年)、東チモール(一九九九〜二〇〇〇年)などのケースがあります。国際緊急援助隊としては、ホンジュラス・ハリケーン(一九九八年)、トルコ北西部地震(一九九九年)、インド西部地震（二〇〇一年）、イラン地震（二〇〇三〜二〇〇四年）、スマトラ沖地震（二〇〇四年）、パキスタン地震（二〇〇五年）、ジャワ島地震（二〇〇六年）、ハイチ地震（二〇一〇年）、パキスタン洪水（二〇一〇年）などがあります。しかしこれまでのところ、多国籍軍への参加、武力行使を内容として含むＰＫＯ活動への参加については、内閣法制局の憲法解釈を自らの公式見解としていた歴代政府は見合わせてきたのです。だからこそ、このような憲法上の制約を取り払いたいという考え方が登場することになるわけです。「集団的自衛権の行使」という問題は正にそういう流れを示すものです。

Key point《キーポイント》

●一九六〇年代から「第九条も安保も」という平和観が広がっていった。しかし一九八〇年代までは憲法第九条に批判的な人にとっても、日本が軍事的に国際関係の出来事にかかわることは考えられなかった。

●湾岸危機が起こり、日本人が国際社会の出来事にどのようにかかわるのかという国家観を考えなければならなくなった時、政府自民党は第二次世界大戦前の、権力が人民の上に立つ国家観を持ちだした。

●アメリカの要求に応えるため、政府は国連に好意的な世論の存在を利用し、国連に協力するという理由で自衛隊の海外派遣を実現しようとした（国連平和維持活動協力法「いわゆるＰＫＯ法」の成立）。

●一九九一年の掃海艇ペルシャ湾派遣を皮切りに、自衛隊法、周辺事態法、対テロ対策特別措置法、イラク復興特別措置法などの法律をつくり、自衛隊の海外派遣を進めてきた。

●歴代政権は自衛隊の多国籍軍・ＰＫＯ活動への参加を内閣法制局の憲法解釈に基づき見あわせたが、安倍政権は法制局長を交代させ、憲法解釈を変えて「集団的自衛権の行使」を実現しようとしている。

Q 4 なぜ今「集団的自衛権の行使」が問題になるのだろう?

◆アメリカが日本に「集団的自衛権の行使」を求めているって聞いたことがあるけど、それはなぜ?
◆経済が急成長し軍事大国化した中国は脅威だと思うけど、「集団的自衛権の行使」と関係があるの?
◆何をするかわからない北朝鮮が、日本を攻撃してきたら大変だから?

A

湾岸危機・戦争をきっかけに「軍事的国際貢献」という形で、日本が国際社会に軍事的にかかわることが大きな政治問題となっていったことはお話ししました（Q3）が、その後もいろいろな国際的な動きに促される形で、日本政府は国際紛争に対する軍事的なかかわりを強める方向に動いていきました。国内の安全保障をめぐる議論の力点に大きな変化が生まれたのです。

それまでは、国際紛争に軍事的にかかわること自体が、憲法第九条との関係で問題だと認識されていました。今では思いもよらないことですが、政府・自民党自体がそう考えていたのです（Q3で紹介した小沢一郎氏の発言はその典型です）。しかし湾岸戦争以後は、そういう考え方は急速に影をひそめ、どういう形の軍事的なかかわり方なら憲法上問題ないか、という形で問題が議論されるようになりました。

日本国内の議論に影響を及ぼした国際的な動きとして、とくに重要な意味を持つものは三つあります。一つはアメリカの戦略、とくに脅威認識の変化と財政経済力の弱まりです。もう一つは北大西洋条約機構（ＮＡＴＯ）の動きです。さらにもう一つは北東アジア情勢、とくに朝鮮半島及び中国の情勢です。

〈アメリカの戦略及び財政経済力〉

アメリカにとって、米ソ冷戦の終結及びソ連の崩壊という事態はまったく予想していなかったことでした。もちろん、アメリカは後付けの理由として、長年にわたって行ってきたソ連封じこめ戦略がボディ・ブローのようにだんだんとソ連を弱め、それがソ連の崩壊という結果を引きおこす根本的な原因となったのだとし、対ソ冷戦政策の勝利だったと強調します。

しかし、米ソ冷戦における勝利及びソ連を崩壊させることが、アメリカの対外政策における目標であったことは確かであったとしても、アメリカの周到な対ソ政策がその結果をもたらしたという直接の因果関係はないことはまちがいありません。その証拠は、アメリカ自体がこの巨大な歴史的変化の前に立ちすくんだ事実、そしてアメリカにはこの変化を受けてすぐさま自らの新しい世界戦略を打ちだすことができなかったという事実に、何よりも雄弁に示されていると思います。

しかし、ソ連解体過程のさなかに起こった湾岸危機・戦争は、アメリカの財政経済力の衰えを考えれば不可欠であったはずの、自らの権力政治（パワー・ポリティクス）に基づく対外政策・戦略のあり方を根本的に再検討し、見直すチャンスを奪ってしまいました。ブッシュ（父）→クリントン→ブッシュ（子）→オバマと続く歴代政権は、米ソ冷戦構造に代わるべきアメリカ主導の世界像を模索するとともに、ソ連に代わる脅威探し、及び財政経済力の衰えを同盟国の役割分担強化でカバーするという二つの方向で、

「唯一の超大国」としての地位を確保する方向を追求することになったのです。

まず、米ソ冷戦終結後の世界に関するアメリカの見方（国際観）が、四代の政権のもとでどのように展開してきたかを簡単に整理します。

その前提として最初に確認しておく必要があるのは、アメリカの建国以来の対外政策には二つの基本的な発想が一貫して横たわってきたということです。一つは、国際関係を支配するのは力だという確信、つまり国際政治は権力政治（パワー・ポリティクス）だという信念です。もう一つは、アメリカにはその奉じる価値観の優越性ゆえに世界を指導し、変えていく使命があるという確信です。

第一期は、アメリカに世界をリードするだけの力が備わっていなかった時代（第一次世界大戦前まで）で、モンロー主義（ドクトリン）に代表される対外政策が営まれました。モンロー主義というと孤立主義と理解されがちですが、それはまちがいです。当時のアメリカが追求したのは、旧大陸（欧州）の政治には首を突っこまない（介入しない）から、旧大陸側は自らの特殊利害地域と見なした新大陸（米州）の政治には干渉しないでほしい、ということでした。

第二期は、世界一の経済力を持つには至ったけれども、世界政治をリードするという主体的認識をまだ備えるまでに到らなかった時代（第一次世界大戦後から第二次世界大戦勃発までのいわゆる戦間期）です。ウィルソン大統領は、明確に国際政治をリードする意思を持って第一次世界大戦後の国際秩序のあり方を構想し、実現しようと動いたのですが、アメリカ議会の抵抗に直面して挫折しました。

第三期は、第二次世界大戦後から今日までの時代です。アメリカは世界最大の超大国として、自らの価値観をひっさげて世界をリードしようと動いてきました。米ソ冷戦終結後の四代の政権もまた、この大きな方向性を引きついでいます。簡単にまとめれば、ブッシュ（父）政権が打ちだしたのは「新世界秩序構想」、クリントン政権が示したのは「国際共同体構想」、ブッシュ（子）政権が追求したのは「対テロ戦争」ということになります。これに対してオバマ政権においては明確な構想が示されるには至っていません。確かに政権就任直後に「核のない世界構想（ビジョン）」を示したことはありますが、これは核兵器にかかわるもので、世界のあるべき姿を示すという性格のものではありません。

この本とのかかわりでとくに注目しておきたいのは、それぞれの政権が打ちだし、あるいは追求した構想・政策において、国連がどういう位置づけを与えられていたかということです。

ブッシュ（父）大統領は、国連大使を務めた経験もあったと思われますが、米ソ冷戦の終結は「国連創始者たちの意図した国連」の姿を実現するチャンスだと捉え、国連（安保理）における大国協調体制を通じて、湾岸危機・戦争における自らの政策の正当化を図りました。冷戦終結はアメリカにとって国連という大義名分を活用するチャンスとしても捉えられたのです。

他方、湾岸戦争に際して自らが主導権を取って組織した多国籍軍の指揮権を、国連に譲り渡す考えはまったくありませんでした。湾岸戦争が勃発してまもなく、国連の当時の事務総長だったデクエアルが、「この戦争は国連の戦争ではない」と慨嘆したことがすべてを物語っていたと言えるでしょう。

クリントン政権は、経済重視の立場が濃厚で、ブッシュ政権以上に自国本位の政策を追求しました。その一環として同政権は、国連が積極的に軍事機能を担うことにも、アメリカにとっての負担を減らせるという観点から、少なくとも当初は好意的でした。しかし、国連の軍事機能には多くは期待できないと見極めると、クリントン政権はアメリカにとって死活的な関心がある問題にかかわる武力行使については、アメリカ中心で対処するという方針に戻っていきます。そして、アメリカの死活的利害にかかわらない問題については、国連の手に余る問題については多国籍軍あるいはＮＡＴＯ軍に、それ以外の問題については国連に対してより大きな軍事的機能・役割（武力行使を基本的に含まない平和維持に加え、武力行使を含む平和強制も認める）を担わせるという政策を模索することになりました。

ブッシュ（子）政権は、対テロ戦争遂行において、クリントン政権にも増して自国本位の政策を追求しました。クリントン政権と同じく自己本位とは言え、クリントン政権が経済重視の立場に立ったものだったのに対し、ブッシュ政権の場合は軍事的観点が色濃いものでした。

露骨な自国本位の政策を追求したブッシュ政権にとっては、国連も利用するべき政策的手段の一つにしかすぎませんでした。また、クリントン政権が模索した国連の軍事機能の選択的利用という政策は、ブッシュ政権のもとで定着していきました。このような国連利用政策を大きな支障なく遂行し得た背景には、九・一一事件のショックが国際社会を覆い、ブッシュ大統領が唱えた「対テロ戦争」という極端な政策に対して、正面から異議申し立てを行う国際世論が生まれにくいという事情が働いていました。

オバマ政権の対国連政策の基調にも大きな変化は見られません。しかし、リビア内戦に際してＮＡＴＯ軍が介入してカダフィ政権を崩壊させたことは、中国及びロシアの米英仏主導の安保理運営に対する警戒感を強めました。オバマ政権は、冷戦終結後に実現した安保理におけるアメリカ主導の大国協調体制を当然の前提として行動することができない状況に直面しています。

次に、ソ連に代わる脅威探しという点について、簡単に整理してお話しします。

米ソ冷戦終結及びソ連崩壊という時期にアメリカの大統領だったブッシュ（父）政権は、牢固《ろうこ》とした権力政治の信奉者でした。新世界秩序構想を口にはしましたが、その中身を示すことはありませんでした。というよりも、一九九〇年に起こった湾岸危機・戦争への対処に追われ、新世界秩序構想の肉付けを行う余裕がないままに終わったと言うべきかもしれません。しかし、湾岸危機・戦争に直面したブッシュ政権は、ソ連に代わる脅威を「見つける」ことで権力政治を堅持する道筋を示しました。

アメリカが世界のある地域から軍事力を撤退させれば、そこには「力の真空」が生まれる。すると、その力の真空を埋めようとする野心を持つものが必ず出てくる。ブッシュ政権は、湾岸危機をつくり出したイラクのサダム・フセイン政権にその典型を見出しました。そして、イラクに代表されるこういった要素（世界各地で大国として存在し、地域的覇権を追求する可能性がある国々）を、「地域的不安定要因」さらには「地域覇権主義」と規定し、冷戦終結後の主要な脅威としたのです。つまり、ブッシュ（父）政権は、脅威認識の中心にソ連の代わりに地域覇権主義をおくことで、それまでの対外戦略をそのまま維持したわけです。ただし同政権の認識においては、地域覇権主義という脅威は前から存在していたのです。米ソ冷戦時代にはソ連という主たる脅威の陰に隠れていたものが、ソ連がこけたことによって主要な矛盾として前面に出てきたという認識です。

次のクリントン政権において、脅威認識は言うならばさらに「飛躍」を遂げることになりました。クリントン政権が言いだしたのは、いわゆる「ならず者」（「ごろつき」とも）国家（rogue states）です。名指しされたのはイラン、イラク及び朝鮮でした。何をもってならず者という極端な決めつけが行われるのか。それはクリントン政権がしきりに言いだした国際共同体という国際観と密接な関係があります。

国際社会が「社会」としてあるためには、社会のメンバーであるすべての国家が対等平等な存在であることを承認しなければなりません。いくらアメリカがイラン、イラク、朝鮮を気にくわないと思っても、これらの国々はれっきとした国連加盟国であり、国際社会のメンバーです。

ところが、クリントン政権の「国際共同体」の発想では、アメリカが奉じる価値観である、アメリカ的なデモクラシー、アメリカ的な人権及びアメリカ的な市場経済を受け入れる国家のみが、アメリカを中心とする国際共同体の仲間として認められます。しかし、アメリカが奉じる価値観を受け入れることに抵抗する国々に対しては「ならず者」という烙印を押すのです。

そして、そういう烙印を押した国々に対しては、アメリカが奉じる価値観を受けいれることを強要する、それでも受けいれなければ排除の対象にするのです。この認識は、アメリカ一流の権力政治と価値観とが一体化して極限にまで走るとどういう姿を現すかということを示しています。

クリントン政権の脅威認識には今一つの特徴がありました。それは、テロリズムを脅威として位置づけるに至ったことです。それまでは、脅威の対象は主に国家でした。しかし、クリントン政権は伝統的な脅威の概念を広げ、それまでは国際犯罪として刑事的取り締まりの対象として扱われてきたテロリズムを、武力行使の対象と見なす脅威として位置づけたのです。そのほかにもクリントン政権は、大量破壊兵器の拡散、地域紛争などをもひっくるめ、「様々な不安定要因」という脅威をつくり上げました。

ブッシュ（子）政権の脅威認識は、アメリカの正統的な脅威認識の流れの中では異端に属すると言ってもいいでしょう。同政権の対外政策は、二〇〇一年の九・一一事件が起こるまでは無為無策で推移していたというのが私の印象です。しかしこの事件にとてつもないショックを受けたブッシュ大統領は、チェイニー副大統領、ラムズフェルド国防長官などの新保守主義者（ネオコン）の強い影響のもと、国際テロリズムを最大の脅威と断定し、「対テロ戦争」一色の政治に走りました。

しかし、その脅威認識にはクリントン政権のつくり出した脅威の考え方を借用し、さらにブッシュ政権一流の色づけを行ったという性格もあります。それが「悪の枢軸《すうじく》」論です。つまり、テロリストを援助し、かくまう国家をテロリストと同罪とし、また、これらの国家が大量破壊兵器の拡散の元凶であると決めつけ、とくにイラン、イラク及び朝鮮を「悪の枢軸」と命名したのです。また、「悪の枢軸」に対しては先制攻撃を行うとする、いわゆる「ブッシュ・ドクトリン」を公言しました（二〇〇二年）。二〇〇三年の対イラク戦争は、この「悪の枢軸」論及びブッシュ・ドクトリンに基づいて開始されました。

ブッシュ政権の脅威認識は異端と言いました。しかし、アメリカの建国以来の対外政策を一貫して流れる二つの要素（権力政治と価値観）が失われたという意味ではありません。アメリカの新保守主義はこの二つの要素を強調して止みません。私が異端と言う所以はむしろ、権力政治の発想に内在的に働くバランス感覚、つまり勢力均衡（バランス・オブ・パワー）の発想が極端に失われたという意味です。

オバマ政権の脅威認識は、一言で言えば、ブッシュ（子）政権の極端な脅威認識を是正し、クリントン政権時代までのそれに戻すという方向性を感じとることができます。具体的には、「対テロ戦争」「悪の枢軸」という言い方はやめました。対イラク戦争から撤退し、対アフガニスタン戦争からの撤収も進行中です。オバマ政権の脅威認識における新しい要素としては、「様々な不安定要因」というクリントン政権以来の脅威の中に、サイバー、宇宙、海洋といった新しい要素を加えたという点にあると言えるでしょう。

冷戦後にアメリカが追求したもう一つの政策である、財政経済力の衰えを同盟国の役割分担強化でカバーするという点についても簡単にお話しします。この政策が日米同盟の強化、及び日本の軍事的役割増大を要求する対日政策に結びついていることは言うまでもありません。

ブッシュ（父）大統領は、イラクがクウェートに侵攻した日（一九九〇年八月二日）に新世界秩序構想を提起する講演を行ったのですが、その中で、アメリカが軍事力を行使することを考えるに当たって、同盟国や友好国の財政負担を織りこむことを提起しました。つまり、アメリカの経済力の衰え及び深刻化が進む国家財政の逼迫《ひっぱく》を背景に、アメリカの軍事力行使に同盟国・友好国を参加させ、また戦争遂行に必要な経費を同盟国にも負担させるという方針です。日本が湾岸危機・戦争に際して一三〇億ドルの資金協力を行ったのは、アメリカの強い要求に応じてのことでした（→Q2）。この政策はそれ以後の政権によっても変わることなく追求されることになります。

クリントン政権は、本格的に同盟国の役割分担体制の構築を目指して動きました。それがNATOの新戦略概念となって結実します。また、「北朝鮮の核疑惑」問題を契機に、日本に対しても役割分担を引き受ける体制づくり（日米防衛協力の指針、いわゆるガイドラインの見直し）を正面から迫りました。

ブッシュ（子）政権の場合は、対テロ戦争遂行に際してアメリカに協力する有志を募るという形で同盟国の協力を要求しました。NATOにおけるアメリカと欧州諸国との協力体制は、様々な実戦と戦略概念の作成を通じて完成度を高めてきました。またブッシュ政権は、他のいかなる国にも増して対テロ戦争に対する無条件の支持を表明し、対テロ特別措置法以下の有事法制を整備して対米全面協力を行った小泉政権を高く評価しました。

オバマ政権は、日米軍事同盟をNATO並みのレベルにまで引き上げることを目指しています。そのために、それまでの政権にも増して日米安全保障協議委員会（「2＋2」）を積極的に活用する方針です。

Key point《キーポイント》

●アメリカの対外政策には二つの基本的な発想があり、一つは、国際政治は権力政治（パワー・ポリティクス）だという信念。もう一つは、アメリカが世界を指導し、変えていく使命があるという確信である。

●第二次世界大戦後、アメリカは超大国として世界をリードしようとし、ブッシュ（父）政権は「新世界秩序構想」、クリントン政権は「国際共同体構想」、ブッシュ（子）政権は「対テロ戦争」を追求した。

●米ソ冷戦終結及びソ連崩壊後、ブッシュ（父）政権は、ソ連に代わる脅威を見つけようとし、イラクに代表される国を「地域的不安定要因」、さらに「地域覇権主義」と規定し、主要な脅威とした。
●クリントン政権はイラン、イラク及び朝鮮を「ならず者（ごろつき）国家」と名指しし、テロリズムを脅威として位置づけた。ほかにも「様々な不安定要因」という脅威をつくり上げた。
●九・一一を受けてブッシュ（子）政権は国際テロリズムを最大の脅威と断定し、「対テロ戦争」に走った。テロリストを援助、かくまう国家も同罪とし、先制攻撃を行う「ブッシュ・ドクトリン」を公言した。
●オバマ政権は、脅威にサイバー、宇宙、海洋といった新しい要素を加えた。
●アメリカは財政負担を同盟国の役割分担強化でカバーしようとし、日米同盟の強化及び日本の軍事的役割増大を要求している。
●オバマ政権は日米軍事同盟をNATO並みのレベルにまで引き上げることを目指し、日米安全保障協議委員会（「2＋2」）を積極的に活用する方針をもっている。

〈NATOの動き〉

すでに少し触れた（Q2）ように米欧間では、ソ連の急激な変化及び崩壊を受けてNATOのあり方をめぐって、一九八〇年代後半から活発な議論が行われました。この議論で特徴的なことは、ソ連の脅威がなくなったのだからNATOを解体すべきだ、という主張はほとんど影響力を持たなかったことです。それは、国際政治は基本的に権力政治（パワー・ポリティクス）であるという欧米諸国の伝統的な発想（「力による平和」観）が、ソ連崩壊という大事件が起こっても揺るぐことがなかったことによるものでした。

前にも触れましたが、権力政治において根本に座るのは、「力の真空状態が生みだされると、必ずその真空状態を埋めようとする新しい力が首をもたげる」という、空気力学における常識を国際政治に当てはめる考え方にあります。つまり、新しい力が勢いを得ると、平和で安定的だったそれまでの現状（ステータス・クオ）をかき乱し、くつがえす力として作用するから、そのような力の真空状態を生みださないように力（軍事力）でにらみを利かせ、平和と安定を守るようにしなければならない、とされるのです。

湾岸危機・戦争を引きおこしたイラクのサダム・フセインは正に、米ソ冷戦終結で生まれかけた力の真空状態に乗じようとした新しい力、つまり伝統的な権力政治の考え方の正しさを裏付けるものとして捉えられました。アメリカが軍事的な解決を目指して動いたとき、多くのＮＡＴＯ諸国が積極的に支持し、同調したのは、そういう考え方が欧米諸国では広く共有されるという背景があったからです。

そしてＮＡＴＯは一九九一年一一月に、ソ連に代わる新しい脅威の存在を前提として据えた「新戦略概念」に合意しました。新しい脅威とされたのは、「予見し、評価することがむずかしい、多面的な安全保障上のリスク」、「深刻な経済社会政治上の困難に基づいて起こる不安定で望ましくない結果としてのリスク」でした。この脅威認識がクリントン政権の脅威認識と重複するのは、なんら偶然ではありません。

新戦略概念は、米ソ冷戦終結を受けた新しい情勢の下でのＮＡＴＯ軍の新たな任務として、「脅威の変化に対応し、平時、危機、戦争に応じた様々な任務を遂行する」とし、「平時には、国連の任務に兵力を提供し、世界の平和と安定にも貢献する用意がある」と指摘しました。すなわち、有事に対処することは軍事同盟として当然ですが、平時における紛争の防止、危機が拡大する前に押さえこむこと（危機管理）がこの早い時点ですでにＮＡＴＯの担うべき新しい任務として表明されたのです。そして、国連に対する兵力提供という考えも顔を出しています。

新戦略概念に盛りこまれたこれらの内容が、「集団的自衛権の行使」として安倍政権が重視するものであることは後で確認することになります（→Ⅲ、Q2&Q3）ので、ぜひ記憶しておいてください。

その後の一九九〇年代の国際情勢は、欧米諸国の立場からしますと、権力政治の考え方を再確認させる材料に事欠きませんでした。

脱冷戦後の世界をもっとも緊張させたのは、国際テロリズムと一括りにされる様々な非国家組織が、世界各地で行う暴力に訴える活動でした。その中でもとくに警戒されるようになったのはビン・ラディンをはじめとする、行動的なイスラム原理主義者（その中のもっとも代表的な組織がアル・カイダ）です。

ビン・ラディン及びアル・カイダについては、湾岸危機・戦争に際して、イスラムの二大聖地（メッカとメディナ）があるサウジアラビアにアメリカ軍が駐留したことに反発し、反米意識を高めてテロリズムに訴えるようになったとされています。しかし、彼らを反米行動に駆りたてたより深い背景には、アメリカの中東政策があることを忘れるわけにはいきません。

アメリカは第二次大戦後、力が衰えたイギリス、フランスに代わって中東地域に強い影響力を及ぼすことになりました。アメリカの中東政策は一貫して二つの要素から成り立っています。一つは、パレスチナに住んでいたアラブ住民（パレスチナ人）を追いだして建国したイスラエルを、中東における同盟国として最大限に支持すること。もう一つは、他のアラブ諸国との関係については親米政権であるかどうかだけを基準とし、これら諸国の国内政治体制については見て見ぬ振りをすることです。そのようなアメリカの政策が、アラブ・ナショナリズムとアラブ民衆の反米感情を育む素地となりました。そして、アラブ・ナショナリズムと民衆的な反米感情こそが、過激なイスラム原理主義者の台頭を許す温床になったのです。

テロリズムはけっして許してはならない国際犯罪です。しかし、テロリズムを根絶するためにはアメリカが中東政策を改めなければならない、という原因―結果の関係を忘れてはならないでしょう。

話を元に戻します。一九九〇年代以後、ニュー・ヨークの世界貿易センター・ビル爆破事件（一九九三年）を皮切りに、在サウジアラビア米軍基地爆破事件（一九九六年）、在ケニア及び在タンザニアのアメリカ大使館爆破事件（一九九八年）、イエメン沖のアメリカ艦船・コール襲撃事件（二〇〇〇年）が次々と起こりました。これらについてアメリカは、アル・カイダの関与があると断定しています。そして二〇〇一年の九・一一事件にまでつながっていきました。これらの事件で直接に標的とされたのはアメリカでした。しかし、欧州諸国にはアラブ諸国からの移民が数多く住み、彼らの中には国際テロリズムにかかわるものも少なくありません。したがって、欧州諸国にとっても自分自身の問題と認識されています。

とくにアメリカや欧州諸国が警戒するのは、テロリストが大量破壊兵器を手に入れる可能性です。核物質、化学物質、細菌等が彼らの手に渡れば、恐るべき結果が引きおこされる危険性があると考えられているのです。大量破壊兵器の拡散防止は、ＮＡＴＯにとっての最優先課題と位置づけられてきました。すでに述べたブッシュ（子）政権の「悪の枢軸」論は、極端な形で欧米諸国のこうした懸念を反映するものでした。ちなみに、こうした懸念・警戒がブッシュ（子）政権及びオバマ政権における、イラン及び朝鮮を念頭においたミサイル防衛の積極的推進という政策につながるのです。

また一九九〇年代以後、世界各地で紛争（地域紛争・内戦）が頻発するようになりました。米ソ冷戦がたけなわな時代には、アメリカもソ連も世界各地の出来事に目を光らせ、米ソの力関係あるいは自らの影響力に不利な結果を生みだしかねない紛争を未然に押さえこむことに力を注ぎました。

しかし、ソ連が崩壊した後に世界唯一の超大国となったアメリカは、財政経済的に余力がなくなったこともあって、ありとあらゆる地域紛争に関与する冷戦期の政策を見直す傾向を強めました。したがって地域紛争の頻発も、米ソ冷戦のたがが緩んだ結果として生まれかけた、力の真空状態によるものと受けとめられることになったのです。

いわゆる多民族国家において民族自決の主張が強まり、もともとの国家が空中分解して多くの国家が生まれる流れが起こったことも、国際関係を不安定化させる材料と受けとめられました。NATO諸国がとくに緊張したのは、ヨーロッパの火薬庫とも言われるバルカン半島の中心を占める旧ユーゴスラビアにおける、民族紛争を原因とした激しい内戦でした。

ちなみに、多民族国家において少数民族の自決権の主張が強まったことも、米ソ冷戦の終結と無関係ではありません。国際的な緊張が緩むと、それまで抑えこまれていた民族的不満が頭をもたげることになるのです。さらにまた、米欧諸国主導の国際秩序に異議申し立てを行うイラク、リビア、イラン、シリア、朝鮮などの国々も要警戒と位置づけられました。これらの国々が国際テロリストを庇護し、彼らに大量破壊兵器を引き渡すのではないかという疑心暗鬼を募らせました。

以上の様々な要素をひっくるめて、アメリカを中心とする国際秩序を脅かす可能性を秘めたものとして、ソ連の脅威に代わる「様々な不安定要因」として位置づけられることになったというわけです。

NATOは、このような様々な形の脅威（不安定要因）への対処のあり方について、一九九〇年代を通じて実戦による模索を積み重ねました。とくに一九九一年の新戦略概念で打ちだされた、平時における紛争の防止、危機が拡大する前に押さえこむ（危機管理）という新たな役割・任務を具体化するうえで、重視されたのが旧ユーゴスラビアの内戦に対する軍事介入から得た教訓です。NATOはこうした教訓を踏まえ、一九九九年に「同盟の戦略概念」を決定しました。

NATOはさらに、その後の約一〇年間の実践を踏まえて見直しを行い、二〇一〇年一一月に再改訂版の戦略概念を採択しています。そこで重視されているのは、九・一一事件以後に開始されたNATOによるアフガニスタンに対する全面的な関与の経験と教訓です。また、二〇一〇年の戦略概念では、対処するべき脅威の対象が整理されました。

整理された脅威とは、伝統的な脅威（大西洋地域に対する脅威を増す意味を持つ弾道ミサイルの拡散を含む）、核兵器その他の大量破壊兵器及び運搬手段の拡散、テロリズム（テロリストが核・化学・生物・放射性の諸々の能力を取得することを含む）、NATO域外の不安定または紛争など、一九九九年までの戦略概念で取りあげられていたものに加え、新たにサイバー攻撃、死活的な通信運輸ルートに対する妨害、宇宙に対するアクセスを妨害する技術関連の展開（レーザー兵器、電子戦争を含む）、環境及び資源にかかわる制約要素など、じつに広範多岐にわたるものです。

NATOにおける以上の動きは、日本の安全保障政策を担当する外務省及び防衛庁（当時）の関係者にとって、他人事ではすまされない大きな関心事だったにちがいありません。しかも重要なことは、NATOで行われてきた戦略の見直し作業の中心にあったのは、当然ながらアメリカであったことです。すでにお話ししたように、アメリカは、米ソ冷戦終結後の新しい国際情勢及びアメリカの財政的、経済的困難を踏まえ、同盟国の役割分担を強く要求しました。そして、NATOが着実に衣替えしていくように、日米同盟についても同様の衣替えを期待し、要求してきたのです。

しかし、日米間では米欧間とはかなりちがった展開となりました。それには日本の特殊な事情が働いています。その点についてこれから見ていくことにします。日本政府が国際紛争に対する軍事的なかかわりを強める方向に向かって動いていくうえでとりわけ力を入れたのは、北東アジア情勢、とくに朝鮮及び中国を脅威として描き出すことでした。

Key point《キーポイント》

●NATOは「新戦略概念」で新たな任務として、平時における紛争の防止、危機が拡大する前に押さえこむこと（危機管理）を表明。これらの内容を「集団的自衛権の行使」として安倍政権が重視している。

●アメリカはイスラエルを同盟国とし、親米政権のアラブ諸国は黙認してきた。この政策がアラブ・ナショナリズムとアラブ民衆の反米感情を育み、過激なイスラム原理主義者の台頭を許す温床になった。

●NATOの二〇一〇年戦略概念の脅威とは、伝統的な脅威、核兵器他の大量破壊兵器及び運搬手段の拡散、テロリズム、NATO域外の不安定または紛争、サイバー攻撃、死活的な通信運輸ルートに対する妨害、宇宙に対するアクセスを妨害する技術関連の展開、環境及び資源にかかわる制約要素など。

●アメリカはNATOの戦略概念見直しと同様の要求を日本にし、日本政府はそれに応え、国際紛争に対する軍事的なかかわりを強める方向に動くために、朝鮮及び中国を脅威として描きだした。

〈「北朝鮮脅威」論〉

朝鮮民主主義人民共和国（以下「朝鮮」）は、一九八五年に核不拡散条約（NPT）に署名し、一九九二年には国際原子力機関（IAEA）との間で保障措置協定を結びました。これに基づいてIAEAの査察が行われましたが、いわゆる特別査察を要求したIAEAに対して朝鮮が反発し、NPTを脱退する声明を出しました（一九九三年三月）。しかもその直後（五月）に、朝鮮は弾道ミサイル（ノドン）の発射実験を行いました。このミサイルは日本を射程に収める飛距離があることが、日本国内ではことのほか問題視されました。こうして、核開発疑惑とミサイル問題が重なって、アメリカ及び日本の双方で朝鮮を軍事的な脅威と見なす主張が声高に唱えられることになったのです。そしてアメリカでは、朝鮮をイラク、イランなどと同列に置く「ならず者国家」論も行われることになりました。これが一九九三年から翌九四年にかけての朝鮮の「核疑惑」とされるもののあらましです。

アメリカが朝鮮の核疑惑を重視するようになったのも、もとはといえばアメリカの対朝鮮半島政策に原因があることは確認しておく必要があります。というのは、朝鮮は一九四九年に建国してから一貫してアメリカの核政策に脅威を感じ、身構え続けてきたからです。とくに米ソ冷戦が終結し、ソ連が崩壊し、中国が改革開放政策に乗りだした一九九〇年代になって、朝鮮の国際環境は格段に厳しさを増しました。朝鮮からすれば、ソ連及び中国という強力な後ろ盾を失ったわけです。朝鮮が核開発に対する関心を強めたのはそうした事情を背景としています。

国際テロリズムを根絶しようとするならば、アメリカが自らの中東政策を根本的に見直すことが避けて通れないのと同じように、朝鮮に核開発をやめることを促すためには、アメリカが対朝鮮半島政策、とくに朝鮮を敵視する政策を根っこから見直すことが前提になります。しかしクリントン政権は、そういう発想には立たず、朝鮮の核関連施設を破壊するための本格的な軍事作戦を行って、朝鮮を物理的に無害化させることを考えました。しかし、朝鮮に対する本格的な軍事作戦を行うことは、日本の全面的協力なしには考えられないことです。つまり、アメリカとしては日本による全面的な基地提供及び兵站《へいたん》支援が確保できなければ、朝鮮に対する本格的な軍事作戦を計画することすらできません。

したがってアメリカは、日本政府に対して全面的な協力体制を作ることを要求してきました。ただし、日本政府が対応に大わらわになっている最中に、カーター元大統領が訪朝（一九九四年六月）し、金日成主席との会談で事なきを得て、アメリカは朝鮮に対する軍事作戦を思いとどまりました。

しかしアメリカは、有事に際して日本が対米全面協力を行う態勢がまったくないことを深刻に受けとめ、日米同盟が有効に機能するようにするべく、日本政府に対して強力に働きかけることになりました。この働きかけは、当時対日政策の中心を担っていた人物がジョセフ・ナイであったことから、「ナイ・イニシアティヴ」と呼ばれました。

その結果、一九九六年四月に日米首脳の間で安保共同宣言が出され、米ソ冷戦後のアジア情勢の変化を踏まえ、日米安全保障関係を強化することで合意しました。またその合意を具体化するために、一九七八年に結ばれた日米防衛協力の指針（ガイドライン）を見直すことを約束しました。アメリカは、日本もようやくＮＡＴＯと足並みを揃える方向に向かって、重い腰を上げたと受けとめたのではないでしょうか。

しかし、ＮＡＴＯ諸国における議論と日米同盟における議論との間には大きな違いがありました。それは民主的な国家において何よりも重要な、オープンな議論に基づく意思決定のプロセスが確保されることにかかわる問題です。ＮＡＴＯ諸国では、すでに述べましたように、脱冷戦後の新しい安全保障政策のあり方について、官民挙げてのオープンな議論が行われる基礎の上で戦略概念が作られ、しかも情勢の展開及びそれに対するＮＡＴＯとしての実践も踏まえて、戦略の見直しが進められてきました。これによりＮＡＴＯは、「集団的自衛権」の弾力的な適用、ＮＡＴＯ以外の地域への出動（域外適用）、安保理決議が得られない場合の出動などを含め、いわば「何でもできるＮＡＴＯ」となる方針について、民主的プロセスを経て決定したのです。

これらの内容が国際法上問題ないかどうかについては後で触れます（→Ⅱ）。しかし、とりあえず重要なことは、この新戦略概念が欧州諸国ではオープンに議論され、決定されていったということです。

これに対して日本の安全保障論議においては、ほとんどもっぱら「北朝鮮脅威」論が前面に押しだされました。これには日本ならではの事情が働いたのです。一九九六年の安保共同宣言の日本側の当事者だった橋本首相から、九・一一事件からイラク戦争まで当事者だった小泉首相に至る歴代自民党政権は、アメリカが日米同盟に対してどのような要求を持っているかを正確に認識していました。そのことは、安保共同宣言以来の日米政府間の文書（代表的なものが日米外務防衛担当大臣によって構成される日米安全保障協議委員会、いわゆる「2＋2」の諸文書）の内容を見れば確認できます。

またそのことは、自衛隊のＰＫＯ派遣、掃海艇及び給油艦のペルシャ湾及びインド洋への派遣、イラクへの地上部隊派遣、ソマリア沖海賊対策の護衛艦派遣等の日米協力の積み重ねからも確認できるのです。有事の共同作戦行動を想定した陸海空の日米合同軍事演習も、着々と進められてきています。

しかし、「何でもできる日米同盟」という目標をオープンに打ちだすことについては、憲法第九条の存在及び「憲法も安保も」とする、複雑な国民感情を無視することはできません。平たく言えば、アメリカの要求は日本がアメリカ（及びＮＡＴＯ）とともに世界の警察官となることです。しかし日本では、自分の身を守るためには備え（日米安保）が必要と考える人も、世界を軍事力で仕切ろうとするアメリカには違和感が強いし、ましてや日本が積極的にその片割れとなることには多くの人が賛成しないでしょう。したがって国民の耳目に受け入れられやすい「北朝鮮脅威」論に訴える手法が取られたというわけです。

しかし軍事的常識に立つ限り、「北朝鮮脅威」論は作り話以外の何ものでもありません。

まず真っ先に取りあげられるのは、核ミサイル開発の脅威です。しかしこれは、戦後一貫してアメリカの核政策の矢面に立たされてきた朝鮮の必死の自己防衛策であり、それ以上のものではないのです。

仮に朝鮮が、なけなしの核ミサイルをアメリカ（あるいは日本、韓国）に向けて発射するとします。次の瞬間には朝鮮全土がアメリカの圧倒的な反撃で叩きつぶされ、灰と消えてしまいます。つまり、朝鮮の核ミサイルは攻撃用としては無意味であり、それ以上に自殺を意味するものでしかありません。

それでは、なぜ朝鮮はしゃかりきになって核ミサイル開発に邁進するのか、と疑問をもつ人が多いでしょう。答は簡単です。核ミサイルは攻撃用としては無意味ですが、抑止力としては意味があるからです。それは正に核兵器の破壊力に由来します。アメリカ（及び日本、韓国）が朝鮮に対して本格的な戦争を起こすのであれば、朝鮮としてはかなわぬまでも核ミサイルで対抗し、米日韓のいずれかの大都市を道連れにするがそれでもいいか、というのが朝鮮の論理です。広島、長崎の悲惨を極める原爆体験は人類的な教訓となっていますから、アメリカ（及び日本、韓国）としては朝鮮に対して戦争をしかけることを思いとどまらざるを得ないのです。これこそが朝鮮にとっての「核抑止力」です。

ちなみに、後でお話しすることとのかかわりで触れておく必要があるのは、朝鮮のこの核抑止力を無能化するために、アメリカ及び日本で考えられているのが先制自衛論であり、敵基地攻撃論であるということです（→Ⅱ、Q2&Ⅲ、Q4）。つまり、いったん弾道軌道に乗ってしまった超高速のミサイルを打ち落とすことは至難ですが、発射される前の段階であれば確実に捉え、破壊できるのです。

朝鮮によるアメリカ艦船に対するミサイル攻撃、という可能性についてはどうでしょうか。「北朝鮮は何をするかわからない国」というイメージが強い日本国内では、朝鮮ならばやりかねないと思う人が多いでしょう。専門的知識を持っている人であれば、一九八六年及び一九八九年にリビアが米軍機に攻撃をしかけたケースを挙げて、朝鮮もそのような無茶をしないとはかぎらないと言うかもしれません。天安号事件（二〇一〇年三月）、延辺島砲撃事件（二〇一〇年一一月）を、朝鮮の好戦性の表れとして連想する人も少なくないでしょう。しかし、リビアについてはいざ知らず、朝鮮はアメリカと戦争することの恐ろしさを朝鮮戦争で骨の髄まで味わっているのです。しかもその後今日に至るまで、つねにアメリカ（及び日本、韓国）の圧倒的な軍事力の脅威にさらされてきています。朝鮮は軽率な行動が身の破滅であることを、世界の他のどの国よりも深く知りつくしているのです。

天安号事件に関しては、朝鮮は一貫して関与を否定しています。また、延辺島砲撃事件に関しても、朝鮮軍は韓国軍の砲撃（韓国は射撃演習としている）に応酬したものとしています。死者が出たことに対しては遺憾の気持ちを表しています。アメリカ政府は、日本政府が「北朝鮮脅威」論を掲げて日米同盟の強化を正当化しようとする手法に対して、正面切った批判を行うことがありません。一つには、アメリカ自身も朝鮮に対してはもともと厳しい姿勢であることがあります。

しかし、より大きな理由としては、安全保障問題に関する日本国内の複雑な事情をアメリカもそれなりに理解しているということもあるでしょう。アメリカとしては、日米軍事協力の実を挙げることに努力した小泉政権（ブッシュ政権の場合）及び民主党政権（オバマ政権の場合）の対応を評価してきました。したがって、日本政府が「北朝鮮脅威」論が受け入れられやすい日本の世論状況を利用していても、とにかく日米軍事同盟のNATO化というアメリカの要求を満たすかぎり、アメリカとしては日本の特殊事情を踏まえてつきあうという構図が出てくるわけです。

Key point《キーポイント》

●朝鮮は建国以来アメリカの核政策に脅威を感じ、ソ連及び中国という強力な後ろ盾を失う中で、核開発を進めてきた。この路線を見直させるにはアメリカの朝鮮を敵視する政策を見直すことが必要である。

●クリントン政権は、朝鮮の核関連施設を破壊する軍事作戦を計画し、日本に協力を要求した。日本が十分な協力をできないことが判明し、日米同盟を強化するために一九九六年の安保共同宣言が出された。
●日本政府がもっぱら「北朝鮮脅威」論を前面に押しだすのは、憲法第九条の存在と、「憲法も安保も」という国民感情があるため、「北朝鮮脅威」論を利用するのが通りやすいからである。
●軍事的常識では「北朝鮮脅威」論は作り話である。仮に朝鮮が核ミサイルをアメリカ（日本、韓国）に向けて発射したら、次の瞬間にはアメリカの反撃で叩きつぶされてしまう。朝鮮にとって核ミサイルは、米日韓の大都市を道連れにするという抑止力としてのみ意味がある。
●アメリカ政府は、日本の国内事情をそれなりに理解しているので、日本政府が「北朝鮮脅威」論を掲げて日米同盟の強化を正当化しようとする手法に対して正面切った批判を行わない。

〈「中国脅威」論〉

「北朝鮮脅威」論がかなり早くから議論されてきた経緯があるのに対して、「中国脅威」論が大きく取り上げられるようになったのは比較的最近、とくに二〇一〇年に起こった尖閣海域での中国漁船の衝突事件、そしてそれを契機として浮上した尖閣諸島の領有権問題以後のことであるという違いがあります。

尖閣諸島の領有権についてお話しするととても長くなりますので、三点だけ指摘させてください。

第一点は、一九四五年に日本はポツダム宣言を受諾して降伏したのですが、同宣言の第八項は「日本国ノ主権ハ本州、北海道、九州及四国並ニ吾等ノ決定スル諸小島ニ局限セラルヘシ」としていることです。つまり、日本の主権が及ぶ領土として残されたのは本州、北海道、九州、四国だけであり、他のすべての「諸小島」の帰属については「吾等」、つまり米英中（及びソ連）が決定することを日本は受けいれたのです。つまり、尖閣の領有権について日本は米英中ソが出す結論に従うという約束をしたのです。したがって、日本では尖閣（及び竹島、北方四島）を固有の領土として日本のものとする議論があたりまえになっていますが、これは成り立たないのです。主張するのは自由ですが、四カ国が別の決定をしたらそれに従わなければなりません。

安保法制懇のメンバーである大阪大学大学院教授の坂元一哉氏は、二〇一三年一一月三日付の産経新聞「正論」で、「尖閣は、日本が中国から盗んだ島ではない。それが明らかだからこそ、サンフランシスコ平和条約の領土処理で尖閣諸島は、ポツダム宣言にいうところの、連合国が決定する『諸小島』の一つとして、日本に主権が残ったわけである」と発言しています。しかし、この発言は正しくありません。

サンフランシスコ対日平和条約の条文作成を取りしきった、アメリカ政府の当時の文献は明らかにされており、それを丹念に猟渉して書かれた研究成果が出ています（原貴美恵『サンフランシスコ平和条約の盲点』）。そのポイントの一つは、沖縄支配をねらったアメリカが、ポツダム宣言に言う「諸小島」の帰属をことさらにあいまいにする規定の領土条項（第2条）にしたということです。ですから、坂元氏が主張するような、「日本に主権が残った」という主張は成り立ちません。

第二点は、いわゆる「棚上げ」論についてです。中国は、一九七二年の日中国交正常化交渉、及び一九七八年の日中平和友好条約交渉の過程で、尖閣領有権問題を棚上げすることについて日中首脳間に共通の認識が達成されたとしています。二〇一〇年に中国漁船の衝突事件が起こってから、当時の民主党政権及びその後を継いだ安倍政権は、尖閣は日本の固有の領土であり、日中間に「棚上げ」合意は存在しないと主張したために、日中関係は急速に悪化したという経緯があります。

私自身は外務省在勤中、とくに中国大使館在勤時代（一九八〇〜八三年）、及び本省中国課長時代

（一九八三〜八五年）を含め、日中間に「棚上げ」合意が存在するという認識を当然の前提にして仕事をしていました。また、当時の外務省を含めた日本政府としてもその点については認識が共有されていたと、私はハッキリ言います。ですから、民主党政権（そして安倍政権）が、「棚上げ合意は存在しない、日中間に領土問題は存在しない」と主張することには明らかに無理があるという認識です。

この点に関しては、坂元一哉氏は「正論」において次のように発言しました。

「尖閣諸島をめぐる日中対立の責任は、四〇年前の『棚上げ』を破った中国側にある…。一九七二年の日中国交回復時に存在したと中国政府が主張する『棚上げ』は、尖閣の領有権を問題にしない『棚上げ』だった…。もし中国政府が尖閣の領有権を問題にしたいのであれば、それは、日中国交回復時にすべきものだった…。その時に要求しなかった（問題にしなかった）ものを、いまさら要求されても（問題にされても）、まじめに聞く耳を持ちようがない…。中国政府には、七二年の日中共同声明第一項をよくかみしめてもらいたいものである。そこには、こうある。『日本国と中華人民共和国との間のこれまでの不正常な状態は、この共同声明が発出される日に終了する』

中国政府の要求は、『不正常な状態』の終了を宣言するこの第一項に反し、日中間の戦後秩序を破壊することにもつながりかねないのである」

坂元氏が「棚上げ」自体はあったと言うのは、安倍首相や今の外務省にとっては痛し痒しのご愛敬だと思いますが、「中国政府が主張する『棚上げ』は、尖閣の領有権を問題にしない『棚上げ』だった」と言うのは前代未聞の、今まで誰も想像もつかなかった珍説です。したがってコメントにも値しません。

また、「もし中国政府が尖閣の領有権を問題にしたいのであれば、それは、日中国交回復時にすべきものだった」という主張は一見もっともです。しかし、田中首相が尖閣問題を言いだしたとき、周恩来は、今は国交正常化が最大の課題で、尖閣問題を言いだしたら国交正常化を実現できなくなるから「今回は話したくない」ということでした。その点を納得したからこそ、田中首相は「わかった」と応じたのです。ですから「棚上げ」合意（中国は「共通の理解と認識」と言っています）は確かに行われたのです。

第三点は、尖閣問題にについてはいずれの側にも与しない、日中間で話し合いによって解決することを希望する、という立場です。この、「日中間で話し合いによって解決を」というのは、安倍政権の「話し合うべき領土問題は存在しない」としていることです。アメリカ政府は、尖閣問題についてはいずれの側にも与しない、日中間で話し合いによって解決することを希望することはない」とする門前払いの主張をたしなめているのにほかならないと思うのですがどうでしょうか。

「中国脅威論」の話に戻ります。日本国内で中国を脅威とする議論が、かつてまったくなかったということではありません。しかし、一九七二年に日中国交正常化して以後の日中関係は、おおむね安定的に推移してきたので、中国を脅威と見なす主張は一部の論者に限られてきました。論より証拠、というわけではありませんが、安全保障の法的基盤の再構築に関する懇談会（安保法制懇）の二〇〇八年の報告書には、一度として中国への言及が行われていないという事実は確認しておく意味があるでしょう。

ところが、二〇一二年に再登場した安倍政権は、今や「中国脅威論」に焦点を絞っている観があります。中国は当然のことながら、そういう安倍政権の言動に神経をとがらせています。とくに安倍首相がウォールストリート・ジャーナル紙で行ったインタビューでの発言（二〇一三年一〇月二六日付）、参議院本会議で行った発言（一一月八日）、安保法制懇の座長代理・北岡伸一氏がロイター通信のインタビューで行った発言（一一月六日付）は、安倍政権の中国に対する敵対的姿勢を示すものとして、中国のメディアで繰り返し取りあげられてきました。そこでまず、安倍首相及び北岡氏が行った発言を確認しておきます。

ウォールストリート・ジャーナル紙によれば、安倍首相は、日本が貢献できる重要なことはアジアにおいて中国と対抗することだと述べました。同紙はさらに安倍首相の発言として「中国は法の支配によってではなく力によってステータス・クオを変えようとしているという懸念がある。しかし、中国がその道を進むのであれば、中国は平和的に台頭することはできないだろう」、「したがって、中国はその道を進むべきではなく、多くの国々は、日本がそういう立場を強く表明することを期待している。そして多くの国々は、中国が国際共同体において責任ある行動を取ることを希望している」と述べたことを紹介しました。

安倍首相が、一一月八日の参議院本会議で行った発言は次のとおりです。

「北朝鮮による核・弾道ミサイル開発の脅威、中国の透明性を欠いた軍事力の増強や、我が国周辺海域における活動の急速な拡大、活発化といった懸念事項をはじめ、我が国を取りまく安全保障環境はいっそう厳しさを増しています」

「また、サイバー攻撃のような国境を越える新しい脅威も増大をしています」

「このような状況の下では、もはや我が国のみでは我が国の平和を守ることはできません。我が国の平和を守るためには、地域や世界の平和と安定を確保していくことが必要です」

ロイター通信によりますと、北岡氏は日本に非常に近い国家、中国との間で領土問題をもつ東南アジアの国々及びシー・レインという三つのケースを挙げました。

北岡氏は、「日本に非常に近いいかなる国家」に対しても集団的自衛権が適用されるべきだと述べました。すなわち、「その国家がひどい目に遭い、日本に対する深刻な脅威となれば、日本が集団的自衛権の行使を考える状況ということになる」というのです。また、日本と同じように中国との間で領土紛争を抱えている東南アジア諸国の防衛についても、集団的自衛権行使のシナリオの一つだと述べました。

もう一つの例は、日本にとって死活的利害があるシー・レインに対する脅威である、と北岡氏は述べました。「もしこれが日本の船舶に対する攻撃であれば個別的自衛権の問題だ。もし大きな混乱をもたらすのであれば、国連のもとでの集団安全保障ということになる」、(あるいは)「もしこのシー・レインを守っているアメリカ、オーストラリアまたはインドの船舶が攻撃されるとなれば、日本にとって非常に大きな衝撃となるから、日本としてはこれらの国々と一緒に(その脅威を)排除する(集団的自衛権の)権利を持つ」と述べています。

安倍首相や北岡氏が、これらのある意味では過激なまでの発言を行うのは、急速に経済大国そして軍事大国として台頭する中国が朝鮮以上に脅威として、国民的に受け入れられやすい世論状況があることを見越しているからであることはまちがいないでしょう。しかも尖閣という領土問題がからみますから、なおさらナショナリズムの感情に訴えることができます。

ただし、「中国脅威」論については、「北朝鮮脅威」論の場合とは異なり、日米間に微妙な温度差があることは確かです。アメリカも中国に対する警戒感は持っています。しかし、たとえば尖閣問題のために中国と軍事的に事を構える気持ちがあるかと言えば、答は明確にノーです。

オバマ政権における脅威認識は、クリントン政権時代の「様々な不安定要因」に戻っているということをすでに指摘しました。二〇一三年一一月五日に、アメリカの長期的国家安全保障上の優先課題について述べたヘーゲル国防長官の演説と、同年一一月二〇日に国家安全保障会議のライス補佐官が「アジアにおけるアメリカの将来:安全の向上」と題して行った演説は、オバマ政権の安全保障政策及び対アジア政策の基本的考え方を窺《うかが》ううえで参考になります。

ヘーゲルは、「アメリカにとっての挑戦は、一九六二年に直面していた単独の決定的な脅威とははるかに異なり、はるかに拡散しており、はるかに複雑なものだ。それは二〇〇二年における脅威ともはるかにちがっている」と指摘し、様々な対象を脅威と見なす考えを示しています。ちなみにこのくだりは、ソ連脅威論とも「対テロ戦争」とも異なる脅威にアメリカは直面しているという認識を表しています。

中国に関係がある部分のヘーゲルの発言はまとめてお話ししますが、次のような内容です。

二一世紀の主要な傾向としては、経済力の中心が拡散することによる地政学的な重心の移動があるとし、中国、インド、ブラジル、インドネシアを挙げています。そして、アジア太平洋地域（ＡＰＲ）が世界の政治、通商及び安全保障においてますます重要になっていると指摘します。サイバー、テロリストなどの非国家主体の活動が国際システムにおける比重を増していることも指摘します。また、ＡＰＲ、中東その他の地域における緊張や紛争は、アメリカ、中国そしてロシアを巻きこむ可能性があると言います。ちなみに朝鮮に関しては、「イラン、北朝鮮などの重武装した国家は引き続き複雑かつ挑戦的な脅威だ」と位置づけました。

また、ライスの演説は次の二箇所がとくに要注目です。

「我々は、伝統的な脅威を抑止するのと同じように効果的に台頭する諸々の脅威に対処するべく、地域の安全保障関係を更新し、多様化している。同盟国及びパートナーに対し、我々の共通な利害及び価値を防衛するためにより大きな責任を担うように強く求めている。来年までには、日本との間で二国間の防衛ガイドラインを一五年以上ぶりに根本的に見直す作業を完成する。日本はまた初めてとなる国家安全保障会議を作りつつあり、地域及びグローバルな挑戦について日本側と緊密に協働することを期待している。（以下、韓国、オーストラリア、タイとの関係に言及）」
「中国との関係においては、我々は大国関係の新しいモデルを稼働させようとしている。すなわち、アジア及びその以遠における、両国の利害が収斂《しゅうれん》する課題において協力関係を深めながら、回避できない競争をうまく操縦していくということだ」

以上から明らかなように、ヘーゲル及びライスの演説が中国に重大な関心を払っていることは明らかですが、安倍首相や北岡氏のような敵意むきだしの中国認識とは一線を画していることは否みようがありません。日米間に深刻な対中認識のギャップがあるとすれば、日米同盟をどういう方向に持っていくかについて、いずれ詰めた議論を行うことは避けられないでしょう。

私たち国民の眼の届かないところでは激しいやりとりが行われている可能性はありますが、必ずしもそうではない可能性もあります。その点を窺わせるのが、次項で紹介する安倍首相の発言であり、安倍首相肝いりの安保法制懇の報告書、さらには「2＋2」共同発表の内容です。

Key point（キーポイント）

●「中国脅威」論が大きく取り上げられるようになったのは比較的最近で、二〇一〇年の尖閣海域での中国漁船の衝突事件以後のことである。安保法制懇の二〇〇八年の報告書には中国は扱われていなかった。
●安倍首相が盛んに「中国脅威」論を行うのは、急速に経済、そして軍事大国として台頭する中国が朝鮮以上に脅威として国民的に受け入れられやすいからである。

●「中国脅威」論は日米間に微妙な温度差があり、アメリカも中国に対する警戒感は持っているが、尖閣問題のために中国と軍事的に事を構える気持ちはない。

Q5 安倍政権が「集団的自衛権の行使」に熱心なのはなぜ？

◆アメリカの艦艇が攻撃されたときに、同盟国の日本が何もしないのはまずいの？
◆「北朝鮮が米国をねらった弾道ミサイルが日本の上空を飛んでいくときに、日本が何もしないというのは同盟国として許されない」という人もいるけど、その点はどうなの？
◆韓国や中国と、領土問題から戦争になった場合に備えておかなければならないの？
◆「集団的自衛権の行使」と「集団安全保障」とはどんな関係になっているわけ？
◆「憲法の制約があるために国連のＰＫＯに対して日本のできることに厳しい制限があるのはおかしい」、という意見はどうなの？

A

安倍首相は、アメリカが「何でもできるNATO」と同じように「何でもできる日米同盟」の実現を目指していることを明確に認識しています。そのことは、二〇一三年九月二五日にアメリカのシンク・タンクで行った安倍首相自身の演説の内容から明らかです。とても率直な物言いで分かりやすいものです。

安倍首相は、日米同盟の強化を期待するアメリカの出席者の関心を十二分に意識して、「問われているのは、いまや脅威がボーダーレスとなったこの世界で、日本は、きちんと役割を担うことができるかという問題です」と切りだし、二つの具体的な例を挙げました。

「第一の例は、国連PKOの現場です。日本の自衛隊が、別の国、X国の軍隊と、踵《きびす》を接して活動していたとします。そこへ突然、X軍が攻撃にさらされるという事態が起きました。X軍は、近くに駐屯する日本の部隊に、助けを求めます。しかしながら、日本の部隊は助けることができません。日本国憲法の現行解釈によると、ここでX軍を助けることは憲法違反になるからです」

「もうひとつの例。今度は公海上です。日本近海に米海軍のイージス艦数隻が展開し、日本のイージス艦と協力して、あり得べきミサイル発射に備えているとします。これらの艦船は、そのもてる能力をミサイル防衛へ集中させるあまり、空からの攻撃に対しては、かえって脆弱《ぜいじゃく》になっていたと、そういうケースです。そこへもってきて、突然、米イージス艦一隻が、航空機による攻撃を受けたとします。またしても、日本の艦船は、たとえどれだけ能力があったとしても、米艦を助けることができません。なぜならば、もし助けると、それは集団的自衛権の行使となり、現行憲法解釈によると違憲になってしまうからなのです」

そして安倍首相は、「まさに、こういった問題に、いかに処すべきか、わたしたちはいま真剣に検討しております」と強調しました。なぜかと言えば、「いまの時代、すべてがつながっています。ネットワークから外れるものは、何もありません。宇宙に国境なし。化学兵器は、国境を越えて行きます。私の国はそんな中、鎖の強度を左右してしまう弱い一環であることなどできません」という認識があるからです。「鎖の強度を左右してしまう弱い一環であることなどできません」における鎖とは、アメリカを中心としたＮＡＴＯ―日米同盟という鎖であることは明らかです。そして、「弱い一環であることなどできません」とは、「何でもできるＮＡＴＯ」がすでにあるのに、「何にもできない日米同盟」のままにしておくつもりはないという安倍首相の決意表明であることも明らかです。

安倍首相は以上のことを次のように表しました。

「まとめとして言うならば、日本という国は、米国が主たる役割を務める地域的、そしてグローバルな安全保障の枠組みにおいて、鎖の強さを決定づけてしまう弱い環であってはならない、ということです。日本は、…世界の厚生と安全保障に、ネット（差し引き）の貢献者でなくてはならない、ということです。日本は、そういう国になります。日本は、地域の、そして世界の平和と安定に、いままでにも増してより積極的に、貢献していく国になります」

ＮＡＴＯなみの「何でもできる日米同盟」にする、そのためには集団的自衛権を行使できる日本にならなければいけないし、国連の集団安全保障体制にも積極的に参加する日本にしなければならない、これが安倍首相の演説のさわりです。日米同盟のこれからの方向性に関する安倍首相の以上の発言は、ライス補佐官の日米同盟のあり方に関する対日期待の所在を示す発言（→Ｑ４）と、見事なまでに一致しています。

安倍首相は明らかに国内向けの「中国脅威」論・「北朝鮮脅威」論の強調と、アメリカ向けの「何でもできる日米同盟」の押しだしとを使いわけているのです。

〈安保法制懇の報告書〉

以上の安倍首相の発言がアメリカに迎合する意図にだけ出たものではないことを理解するうえでは、二〇〇七年に安倍首相が設置した「安全保障の法的基盤の再構築に関する懇談会」(安保法制懇)が二〇〇八年六月に出した報告書と、二〇一三年一〇月の日米安全保障協議委員会(「2+2」)が出したガイドラインの見直しを決めた共同発表が参考になります。これまでにも報告書には何度も触れましたが、ここで二つの文書の内容を改めて見ておきたいと思います。

報告書で示されている脅威認識は基本的にNATOと同じで、「多様な脅威」と表しています。「北朝鮮の脅威」についての言及は報告書の中に一箇所だけありますが、それはあくまでも「多様な脅威」のほんの一部という位置づけです。中国に至っては言及もされていないことについてはすでに触れました。

なぜそういう脅威認識に立たなければならないかと言えば、すでに紹介した安倍首相の上記演説でも強調されたように、日米同盟の担うべき任務は、「脅威の多様化」という「冷厳な国際安全保障環境を直視」し、「世界の平和…を確保するため、最善の安全保障政策を見出さなくてはならない」からです。

すなわち報告書は、「脅威が多様化する中で、国際社会としての共同の取り組みが重視されるようになっている」のであり、「日米同盟をさらに実効性の高いものとして維持し、国際社会との協力をするための努力が求められている」ことを認識して、起こりうるすべての有事に対応すべきだと明確に述べています。この認識は、先に紹介したヘーゲル国防長官の認識と軌《き》を一《いつ》にしていることは明らかです。

しかし、それを阻むのがこれまでの政府の憲法解釈にほかなりません。報告書は「安全保障政策を実施するための法的基盤、なかんずく憲法第九条の政府解釈は…日米同盟を効果的に維持することに適合しうるものであろうか。また、国連ＰＫＯ等の国際的な平和活動への我が国の参加に当たっても、…我が国が効果的に国際的な平和活動に従事することを可能にするであろうか」と提起します。そして「集団的自衛権の行使及び国連の集団安全保障への参加を認めるよう、憲法解釈を変更すること」を提言するのです。

二〇〇八年の報告書は、日米同盟を完全に「何でもできる」ようにする提言は控えました。それは報告書自身が指摘しているように、「集団的自衛権を認める場合には、同盟国たる米国が当事国になっている紛争の多くに我が国が参加させられる」、「集団安全保障措置に基づくすべての国際的な平和活動に参加しなくてはならなくなる」という不安が国民の間に起こることに配慮したからにほかなりません。

具体的に報告書は、①問題を、安倍首相が上記演説で示した二つのケースを含む「四類型」に限定する、②「新たな安全保障政策に課すべき制約（「歯止め」）を明示することで、日米同盟が「何でもできる」に変質することはないと強調しています。

しかし、これらは何の歯止めにもなりません。と言いますのは、報告書自体がいみじくも「四類型」と言っているように、これらはあくまでも四つの例示であって、集団的自衛権行使、国連の集団安全保障体制への参加のほんの一例に過ぎないという位置づけだからです。つまり報告書は、他のケースについては集団的自衛権を行使しない、あるいは集団安全保障体制に参加しないとは一言も言っていないのです。

また「歯止め」として報告書は、法律制定、自衛隊海外派遣の国会承認及び基本的安全保障政策確定を挙げていますが、これらによって四類型以外への拡大を禁じるとは、これまた一言も言っていません。

しかも第二次安倍政権のもとで活動を再開した法制懇は、二〇〇八年に発表した報告書の内容についてもはや満足していません。その一端は、法制懇座長代理の北岡氏が行った二つのインタビュー記事で明確です。一つは二〇一三年八月一六日付時事通信配信記事、もう一つはすでに紹介した同年一一月六日付のロイター通信社の配信記事です。

まず八月一六日の記事です。報告書は集団安全保障への日本の参加に関し、「法的制約に関する問題解決」として三つの選択肢を挙げて、それ以上に踏みこんだ見解を示すことを避けていました。しかし北岡氏はインタビューで、三つの選択肢の一つである「集団安全保障又はそれに準ずる国際的な平和活動は憲法第九条の下で禁止されている活動ではないこと、かつ、そうした国際任務における武器使用は憲法第九条が禁止している『武力の行使』ではないという解釈をとる」べきだとし、それを懇談会の次の報告書に盛りこみたいと言っています。

また集団的自衛権の行使に関しては、報告書はまだ、「(九条について)個別的自衛権はもとより、集団的自衛権の行使や国連の安全保障への参加を禁ずるものではないと読むのが素直な文理解釈」と一般論にとどまっています。しかし北岡氏は、「何ができるかは法律で決めればいい」、自衛隊が防衛する対象も「同盟国だけという線は引けない」として、アメリカ以外も対象とし得ると踏みこみました。ちなみにこの発言は図らずも、上記の「歯止め」が歯止めにはならないことを北岡氏自らが認めたに等しいものです。

一一月六日の記事では、北岡氏はさらに二〇〇八年の報告書の内容よりも踏みこんだ発言を行いました。その内容の一部はすでに紹介しました。すなわち、近隣国家に対する攻撃、中国と領土問題を抱える東南アジア諸国、シー・レイン防衛に関する集団的自衛権の行使です。

北岡氏はさらに新しい内容の発言をしています。一つは国連の平和維持活動への自衛隊の参加に関して、国連主導の、兵士を戦闘に巻きこむ可能性のある平和維持活動（浅井注：これは平和強制とされるものです。→Ⅱ、Q2）からも尻ごみするべきではないという主張です。そして、「戦闘活動に従事する可能性をすべて排除することは誤りだ」と言うのです。もう一つは敵基地攻撃（→Ⅱ、Q1）です。すなわち、近い将来にまとまる中期防衛大綱の見直しにおいて、「北朝鮮のような近隣からのミサイル攻撃に対する防衛のため、敵基地を攻撃する能力を取得することを提言するかもしれない」と述べました。ただし、そのような能力は攻撃が切迫しているときのみに限られ、「先制攻撃」のためではないとつけ加えています。

北岡氏の以上の発言から見て、今後発表される法制懇の新しい報告書が、二〇〇八年の報告書よりも大胆な提言を行うであろうことが予想されます。このある意味勇ましいまでの北岡氏の発言が、安倍首相の意向を体したものであろうことは想像に難くありません。そして確認されることは、北岡氏の発言全体を流れているのは「何でもできる日米同盟」を目指す姿勢ということです。

Key point《キーポイント》

●報告書では、脅威の対象として「北朝鮮の脅威」についての言及は一箇所、中国は言及されてもいない。
●報告書は、脅威が多様化する中で、日米同盟をさらに実効性の高いものとし、国際社会との協力をするための努力が求められていることを認識して、起こりうるすべての有事に対応すべきだと述べている。しかし、それを阻むのが政府の「憲法解釈」であるから、変更を提言しているのだ。
●座長代理の北岡氏は新報告書の内容について、集団的自衛権の行使は「何ができるかは法律で決めればいい」、自衛隊が防衛する対象も「同盟国だけという線は引けない」という考えを示した。さらに、「国連主導の平和維持活動への自衛隊参加は尻ごみするべきではない」、「北朝鮮のような近隣からのミサイル攻撃に対する防衛のため、敵基地を攻撃する能力を取得することを提言するかもしれない」とも述べた。

〈「2+2」共同発表〉

二〇一三年一〇月に開催された日米の外務防衛四閣僚による日米安全保障協議委員会（「2+2」）会合は、一九九七年に作成された日米防衛協力のための指針（ガイドライン）の見直し作業を正式に開始（二〇一四年末までに作業を終える）する合意を含む、「より力強い同盟とより大きな責任の共有に向けて」というタイトルの共同発表（以下「二〇一三年共同発表」）を公表しました。

この共同発表の重要な内容を理解するうえでは、過去における節目ごとの「2+2」累次文書と比較することが有益です。ここではとくに、一九九七年九月二三日の共同発表「日米防衛協力のための指針の見直しの終了」（以下「一九九七年共同発表」）、及び二〇〇五年一〇月二九日の共同発表「日米同盟：未来のための変革と再編」（以下「二〇〇五年共同発表」）を比較対象として取りあげます。

一九九七年共同発表及びそれに合わせて発表されたガイドラインは、一九九三〜九四年のいわゆる「北朝鮮核疑惑」を発端とする朝鮮半島の一触即発の危機（及び一九九六年三月の台湾海峡の事態）に対して、主に日本側の問題（憲法のもとで有事法制がない日本は米軍の出撃・兵站基地としての機能を備えていなかった）によって、日米同盟が軍事的に有効に機能しえず、したがってアメリカとしては戦争を発動することができないことが判明したことに対する、アメリカ政府の対日働きかけの所産でした。

また二〇〇五年共同発表は、ブッシュ（子）政権による二〇〇一年の対テロ戦争、及び二〇〇三年の対イラク戦争に対して全面的に協力することを目指して猪突猛進した小泉政権のもとで、一連の有事法制が成立し、日本がアメリカの出撃・兵站基地及び対米支援の軍事機能を整備したことを受けてつくられた、まさに日米同盟の「未来のための変革と再編」を目指したものでした。それは同時にまた、「新たな地球的及び地域的挑戦の波が引き続き高まっている情勢」に対する、日米同盟のグローバル化・ＮＡＴＯ化を明確に意識したものでもありました。

これに対して二〇一三年共同発表は、二一世紀に入ってから急速に進められた日米同盟強化の基礎の上に、①「アジア太平洋地域において変化する安全保障環境」についての認識（脅威認識）を確認したうえで、②新ガイドラインの作成をはじめとする「日米同盟の能力を大きく向上させるためのいくつかの措置を決定」するとともに、③「地域及び世界の平和と安全に対してより積極的に貢献するとの日本の決意」を前面に押しだし、また、④「地域及び国際社会におけるパートナーとの多国間の協力の重要性を強調」したことに大きな特色があります。つまり、安保法制懇の報告書及び安倍首相の上記演説を受けていることが明確に読みとれます。

脅威認識に関しては、三つの文書に盛りこまれた内容を比較してみると、アメリカの脅威認識の変遷を反映して、その内容に変化があることがわかります。

一九九七年共同発表では、「冷戦の終結以来、世界的な規模の武力紛争が生起する可能性は遠のいている」という基本認識のもと、アジア太平洋地域については「依然として不安定性及び不確実性が存在する」として、「朝鮮半島における緊張は続いている。核兵器を含む軍事力が依然大量に集中している。未解決の領土問題、潜在的な地域紛争、大量破壊兵器及びその運搬手段の拡散は全て地域の不安定化をもたらす要因である」と述べました。

二〇〇五年共同発表は、「新たに発生している脅威（注・国際テロリズム）が、日本及び米国を含む世界中の国々の安全に脅威を及ぼし得る共通の課題として浮かび上がってきた…。また、…アジア太平洋地域において不透明性や不確実性を産み出す課題が引き続き存在している」と表現しました。

これに対して二〇一三年共同発表は、日米同盟が対処するべき「平和と安全に対する持続する、及び新たに発生する様々な脅威や国際的な規範への挑戦」として、「北朝鮮の核・ミサイル計画や人道上の懸念、海洋における力による安定を損ねる行動、宇宙及びサイバー空間におけるかく乱をもたらす活動、大量破壊兵器（WMD）の拡散、並びに人為的及び自然災害」を列記しています。ここでもまた、ヘーゲル国防長官の脅威認識（→Q4）との一致を確認できます。

三つの共同発表の比較から二〇一三年共同発表の特徴としては、次の諸点を指摘することができます。

一つは脅威認識として、「様々な脅威・挑戦」の中身が具体的に指摘されていることです。ソ連崩壊後のアメリカ及びNATOは、新たな脅威として「様々な不安定要因」という考え方を打ちだしました。一九九七年及び二〇〇五年の共同発表では、この脅威の考え方がストレートに顔を出しています。二〇一三年共同発表でも、「様々な不安定要因」が脅威認識の中心に座っていることには変わりがありません。「脅威」とされる内容がより具体的に指摘されていることに特徴があると言えます。しかも朝鮮に関する部分以外は、NATOの二〇一〇年の戦略概念で整理された脅威認識とかぶっていることがわかります。

もう一つの特徴は、海洋・宇宙・サイバーの三分野における脅威認識を強調していることです。じつは宇宙及びサイバーの強調は、二〇一〇年のNATOの戦略概念で新たに取りあげられている事項です。こういう点でも、二〇一三年共同発表は明らかにNATOとの横並びを意識していることがわかります。

次に日米同盟の能力向上に関する言及ぶりです。新しいガイドラインに盛りこむべき内容として、平時とすべての有事における役割と責任について新たなものにしていくことが強調されました。共同発表は

「あらゆる状況においてシームレスな二国間協力を可能とするよう強化する」と言い表しました。要するに、平時と戦時（有事）とを切り離すのではなく、いかなる事態にも切れ目なく（シームレス）対応しうる日米同盟にしていくということです。この考え方は、ＮＡＴＯの戦略概念でも強調されたことはすでに見たとおりです。この「シームレス」という一見何気ない表現にこめられた、日米同盟の変質強化を反映する重要な意味は、一九九七年に発表された現行ガイドラインと比較することで確認することができます。

現行ガイドラインでは、「平素から行う協力」、「日本に対する武力攻撃に際しての対処行動」、「日本周辺地域における事態で日本の平和と安全に重要な影響を与える場合（周辺事態）の協力」という三つの場合が区別して（シームレスではなく）扱われています。それは、平和憲法のもとではそもそも戦争を想定した「有事」ということはあり得ないわけで、そういう憲法の規範意識が一九九七年当時の日本政府をまだ縛っていたことを示すのです。ちなみに、「平素からの協力」の「平素」という言葉自体、「戦時」を直ちに想定させる「平時」という言葉を使うことに対する当時のためらいを反映するものでした。

ところがそれから一六年の歳月を経た今、「平時と戦時とはつながっている」という（軍事的には）あたりまえな認識が前面に押しだされているのです。二〇一四年末に完成することになった新ガイドラインは、安倍政権がそれまでに集団的自衛権行使に関する憲法解釈の変更を実現することになれば、日米同盟の軍事同盟としての完成形を示すことになるでしょう。

三つ目の特徴は、「日米同盟の枠組みにおける日本の役割拡大」です。この点に関して最初に指摘しておく必要があることは、日本国内で通念化している「日本の平和と安全を守るための日米安保体制」という要素が、二〇一三年共同発表では大幅に後退し、代わって「日米両国がより力強い同盟関係を実現し、地域及び国際社会に対して大きな責任を果たしていく」ことが前面に押しだされているということです。

それがまさに、安倍首相の「積極的平和主義」に基づく安保政策とされるのです。

一九九七年共同発表では日本防衛が前面に押しだされていました。また、二〇〇五年共同発表では二つの重点分野として、日本防衛と国際的な取組がいわば同等の比重で取りあげられていました。これに対して二〇一三年共同発表では、国際的な取組こそが日米同盟の重点だとされているわけです。

こういう経緯を振り返るだけでも、「日本防衛のための日米安保体制」から「グローバルな日米同盟」、私流にいえば「何でもできる日米同盟」への足取りがわかります。

そのことを集約的に特徴づけているのが、二〇一三年共同発表の「より力強い同盟とより大きな責任の共有に向けて」というタイトルです。共同発表は、「日本は、集団的自衛権の行使に関する事項を含む自国の安全保障の法的基盤の再検討…を行っている」とし、「米国は、これらの取組を歓迎し、日本と緊密に連携していくとのコミットメントを改めて表明」しました。また共同発表は「同盟をよりバランスのとれた、より実効的なものとし、十全なパートナーとなる決意」をも表明しています。要するに二〇一三年共同発表は、長年にわたってアメリカが要求し続けてきたことがいよいよ結実し、「アメリカによる片務的な日米安保体制」を「双務的な同盟」にすることを宣言したに等しい意味を持つものです。

二〇一三年共同発表におけるもう一つ見落としてはならない特徴的要素として、日米の二国間協力にとどまらず、日米韓、日米豪をはじめとする三国間協力、さらには多国間協力に踏みこんでいることに注目する必要があります。

そのことは、共同発表の「Ⅲ．地域への関与」の項で、「閣僚は、今後十年の間に、同盟が、平和で繁栄し、かつ安全なアジア太平洋地域を維持し及び促進する国際的なパートナーシップ及び多国間の協力の体制を強化していくことを確認した。…閣僚は、持続可能な協力の期待を構築するため志を同じくする他の国々と連携して取り組むことをコミットしている」（傍点は浅井）という文章に端的に表されています。

その多国間協力の具体的内容として共同発表は、「地域における能力構築」「海洋安全保障」「人道支援・災害救援」「三か国間協力」「多国間協力」の各分野について説明を加えています。

アメリカのアジア太平洋地域における軍事戦略は長年にわたり、この地域の複雑性を考慮し、アメリカを軸とした二国間ないしはいくつかの国との軍事同盟関係を軸に営まれてきました。それは、域内の多くの国々が一堂に会するＮＡＴＯとは際立った対照をなしてきたのです。

しかしアメリカは、米ソ冷戦終結後、この地域においても多国間協力を推進する政策を進めています。「集団的自衛権は行使できない」とする日本政府も、最初は国内世論の目を気にしつつひっそりと、近年では公然と様々な実戦を想定した演習に自衛隊が参加し、多国間協力の既成事実を積み上げてきました。二〇一三年共同発表の多国間協力の強調は、これまでの「成果」を基礎に、今後さらに積極的に多国間協力を進める日米の意思を明らかにしたものと言えます。

かなり詳細に説明しましたので、頭が混乱してしまう人もいるかもしれません。まとめとしてお話ししたいのは、安倍首相の「中国脅威」論を強調する言葉は、日米間で進行している、アメリカ主導の「何でもできる日米同盟」の実現を目指す方向性を損なっていないということです。

そのことを集中的に表しているのは、二〇一三年共同発表の「日本は、日米同盟の枠組みにおける日本の役割を拡大するため、米国との緊密な調整を継続する」という一節です。つまり、日本はあくまでも「日米同盟の枠組み」の中で行動すると言っているのです。アメリカからすれば、この点が確保され、日本が日米同盟を損なう行動をとらないかぎり、日本が国内世論向けに中国に関して激しい言葉を用いることについては大目に見ようということではないでしょうか。

Key《キー》 point《ポイント》

●二〇一三年共同発表の特徴は以下である。①「アジア太平洋地域において変化する安全保障環境」についての認識（脅威認識）を確認したうえで、②新ガイドラインの作成をはじめとする「日米同盟の能力を大きく向上させるためのいくつかの措置を決定」するとともに、③「地域及び世界の平和と安全に対してより積極的に貢献するとの日本の決意」を前面に押しだし、④「地域及び国際社会におけるパートナーとの多国間の協力の重要性を強調」した。

●日米同盟が対処するべき脅威や国際的な規範への挑戦として、「北朝鮮の核・ミサイル計画や人道上の懸念、海洋における力による安定を損ねる行動、宇宙及びサイバー空間におけるかく乱をもたらす活動、大量破壊兵器の拡散、並びに人為的及び自然災害」を列記した。

●あらゆる状況においてシームレスな二国間協力を強調した。「平時と戦時とはつながっている」という（軍事的には）あたりまえな認識が前面に押しだされている。

●日米両国がより力強い同盟関係を実現し、地域及び国際社会に対して大きな責任を果たしていくことは、すなわち安倍首相のいう「積極的平和主義」に基づく安保政策である。

●「同盟をよりバランスのとれた、より実効的なものとし、十全なパートナーとなる決意」を表明し、「アメリカによる片務的な日米安保体制」を「双務的な同盟」にすることを宣言している。

●日米協力に留まらず、日米韓、日米豪をはじめとする三国間協力、さらには多国間協力に踏みこんでいる。近年では様々な実戦を想定した演習に自衛隊が参加し、多国間協力の既成事実を積み上げている。

II

自衛権と集団安全保障

Q1 「自衛権」とはどういう権利なの？

◆そもそも「自衛権」をどう定義すればいいの？　「自衛権」は国家の権利だよね？
◆「集団的自衛権」は「自衛権」に含まれるの？
◆なぜ国連憲章では「個別的又は集団的自衛の固有の権利」と書いているのかな？
◆「国連憲章は戦争を違法化した」と聞いたことがあるけど、「自衛権の行使」ならよいわけ？
◆「自衛権の行使」、「集団的自衛権の行使」とされた戦争にはどのようなものがあるの？
◆「自衛権の行使」ならよい、「集団的自衛権の行使」ならよい、ということになると、結局どんな戦争も正当化されてしまうのではないの？

A

〈背景：戦争違法化の歴史〉

国家が登場して以来の人類の歴史は戦争の歴史でもありました。戦争は政治的な目的を達成・実現するための手段であり、「政治の延長・継続」として捉えられてきました。しかし、戦争は国家による組織的な人殺し（殺人）という本質を持っています。したがって、このような二面的な性格を持つ戦争をどのように捉えるかという問題は、古くから今日に至るまで普遍的なテーマであり続けてきました。

「正しい戦争（正戦）」とそうでないものとを区別する試み、どういう場合に戦争に訴えることが許されるかという基準を設ける試み、戦争を始める場合にも必要以上に残酷に走らないように規制する試み（戦争法）等々の問題で、人類は頭を悩ませてきました。

個人の次元では、人殺し（殺人）を宗教的、道義的そして法律的に許されないものとして取りしまる権威・権力、さらには手続き（ルール）が早くから確立してきました。しかし、国家を束ね、規律する、より高い次元の権力・権威が存在しない状況のもとでは、「政治の延長・継続」としての戦争という捉え方を否定する、説得力ある主張が現れなかったのです。

戦争そのものを取りしまるべきだ、禁止するべきだ、違法化するべきだという考え方が真剣に唱えられるようになったのは、長い人類史の中ではほんの最近の二〇世紀に入ってからのことです。しかもそれは、戦争を有効に取りしまることができるとする考え方が登場したからではありません。そうではなくて、とにかく戦争をなんとか取りしまらないと人類そのものの存続自体が危ぶまれる、とんでもないことになりかねないという、せっぱつまった事情によるものでした。

戦争を取りしまることの必要性が広くかつ痛切に認識されるようになった直接の原因は、兵器の殺傷能力が飛躍的、革命的に高まったこと、その結果として、第一次大戦及び第二次大戦という惨禍を人類が体験したことにあります。極めつきが広島及び長崎に対する原爆投下であることは言うまでもありません。

私が計り知れないほど多くを学んだ政治学者・丸山眞男が好んで挙げる一つの歴史的事実を紹介します。それは、紀元前二一七年にハンニバルがアルプスを越えた時と、一八〇〇年にナポレオンがアルプスを越えた時とでの動力源はともに馬であり、約二〇〇〇年にもわたって基本的に変化はなかったということです。

しかし、一七六九年にワットが蒸気機関を実用化してから始まった産業革命・科学技術革命を背景に、わずか約二〇〇年の間に兵器体系は飛躍を遂げることになりました。兵器そのものの殺傷力が格段に高まってきたのみならず、兵器の運搬手段の航続距離や目標までの到達時間において革命的変化が起こったことにより、戦争はもはや戦場だけで勝負が決まるという悠長（?）なものではなくなってしまったのです。戦場と銃後の区別がなくなってしまいました。その結果、戦争は一般市民を巻きこむ、さらには一般市民そのものを標的にする無差別殺戮という凄惨なものとなっていきました。

その反省が、ようやく国際連盟規約―不戦条約―国際連合憲章として、戦争の違法化に結実してきたのでした。しかし、戦争の違法化を実効あらしめるのは簡単なことではありません。国家を束ね、規律するより高い次元の権力・権威が存在しない状況（「中央政府のない国際社会（anarchical society）」とイギリスの国際政治学者であるヘッドレー・ブルが名づけた本質）は、今日も基本的にはなんら変わっていないのです。国際連合自体が、諸国家の合意の上にのみ成り立っている国際機関（国際組織）です。

確かに国連憲章は集団安全保障体制という制度を設けました。詳しくは後で述べます（→Q2）が、集団安全保障体制とは、暴力（違法化された戦争）に訴える国家が現れた場合には被害を受けた国家に代わって国連が取りしまる仕組みと、とりあえず大雑把に理解してください。わかりやすいたとえでいえば、国際社会の秩序を守るために国連が国内社会の警察的な機能を営むことを国連憲章は予定している、とも言えるでしょう。そして、国連として有効に機能するために、国際の平和と安全については五大国が特別な権利を持つ安全保障理事会（安保理）に、主要な役割・権限を集中させました。

しかし国連の創始者たちは、国連の集団安全保障体制がうまく機能せず、戦争を違法化しても、それを遵守しない国家が現れる可能性があることを考えました。とくに第二次大戦中から次第に明らかになってきた米ソ対立の影は、アメリカのそういう考え方を強めました。

議論を進める前に確認しておきたいことがあります。

まず、国連憲章が予定しているのは、集団安全保障体制を中心にして国際の平和と安全を守る仕組みであるということです。自衛権及び集団的自衛権を行使することはあくまでも例外的、一時的な措置としてのみ認める、というのが国連憲章の原則的立場です。

もう一つは、しかし国際社会の現実では国連の集団安全保障体制が理想的には機能せず、アメリカ以下の大国は伝統的な権力政治の発想に立ち続けているということです。そのために、戦争は違法化されたけれども、自衛権及び集団的自衛権に訴えて武力行使を行う可能性をできるかぎり確保するという政策が広く行われてきたのです。安倍政権の集団的自衛権行使に積極的な姿勢はこの流れに位置づけられます。

したがって国連憲章の立場からすると、集団安全保障体制を先に取りあげ、その後に自衛権の問題を取りあげるのが筋です。しかし、国内の議論そして安倍政権の重点は自衛権・集団的自衛権にありますし、この本の読者の関心もまずは集団的自衛権について知りたいということだと思いますので、自衛権と集団的自衛権の問題からお話しすることにします。

Key point《キーポイント》

- 「戦争そのものを違法化するべきだ」という考え方は、二〇世紀に入り、戦争を取りしまらないと人類そのものの存続自体が危ぶまれる、というせっぱつまった事情から真剣に考えられるようになった。
- 直接の原因は兵器の殺傷能力の飛躍的な高まり、二度の世界大戦での大惨禍、極めつきが広島及び長崎に対する原爆投下である。国際連盟規約→不戦条約→国際連合憲章として、戦争の違法化は結実した。

●国連憲章は「集団安全保障体制」を設け、暴力（違法化された戦争）に訴える国家が現れた場合には、被害を受けた国家に代わって国連が取りしまるという仕組みをつくり、五大国による安全保障理事会（安保理）に主要な役割・権限を集中させた。

●国連憲章は、集団安全保障体制を中心にして国際の平和と安全を守ることが基本で、自衛権及び集団的自衛権を行使するのはあくまでも例外的、一時的な措置としてのみ認められる。

●実際には、国連の集団安全保障体制は理想的には機能せず、アメリカ以下の大国は伝統的な権力政治の発想に立ち続けているため、自衛権及び集団的自衛権に訴えて武力行使を行う政策が広く行われてきた。安倍政権の集団的自衛権行使に積極的な姿勢はその流れに位置づけられる。

〈自衛権と集団的自衛権〉

正しい戦争（正戦）とそうでない戦争とを区別する考え方は古くからありましたし、どういう場合に戦争に訴えることが許されるべきかという問題意識も古くからあったことはすでに述べました。そういう考え方、問題意識の一環として自己防衛の戦争という主張、今日的にいえば自衛のための戦争は認められるべきだという主張が、比較的早い時代から行われてきました。

とはいえ、一七世紀の欧州に国際社会が成立して以後、戦争は外交、国際法などとともに国際社会を成り立たせるために必要な制度（institutions）として公認される時代が二〇〇年以上にわたって続きました。そういう時代には、自己防衛とか自衛とかを理由にして自らの行動をわざわざ正当化する実際の必要に迫られることがありませんから、自衛という考え方が注目されて、議論されることはありませんでした。

自衛権の問題が正面から取りあげられ、注目された最初のケースは、一八三七年にイギリスとアメリカとの間で起こったいわゆるカロライン号事件です。アメリカ船籍のカロライン号は、イギリスからの独立を目指して戦っていたカナダの人々を支援して、人員や物資を輸送していました。イギリスがこれを捉えて破壊したことにアメリカが抗議し、イギリスは自らの武力行使は自衛の行動だったと主張したのです。

この事件が注目されたのは、アメリカが自衛の行動であったことを証明するように要求し、イギリスがその要求に応じて行った説明内容を受けいれることを通じて、自衛権行使の要件が国際的に明確にされた点にあります。その要件とは、「切迫した自衛の必要性があり」（切迫性）、「ほかに手段の選択の余地がなく、熟慮の時間もない」（必要性）、「実力行使の程度は、このような必要性によって限定され、明らかにその限界内に止まるものであること」（相当性）としてまとめられます。

日本政府（内閣法制局）は、自衛権行使の3要件として、「急迫不正の侵害があること」、「実力行使に訴える以外の手段がないこと」、「実力行使は必要最小限であること」とまとめています。内容は同じです。

自衛権の問題が国際的にかつ本格的に議論されたのは不戦条約（一九二八年）が作られる際でした。

この条約は、国際紛争を解決する手段として戦争に訴えることを非とし、国家の政策の手段としての戦争を放棄することを宣言しました（第1条）。戦争そのものを違法とするまでには至りませんでしたが、いかなる戦争をも合法とする伝統的な考え方を否定するものである点で、画期的だったと言えます。

そして条約交渉を通じて、当時の押すに押されぬ大国であった米仏及び米英の間で、自衛権に関して今日につながるいくつかの了解が行われました。米仏間で行われたのは、戦争放棄の規定は正当防衛の権利すなわち自衛のための戦争を行う権利を害さないという了解です。米英間では、それぞれが特別な利害関係をもっている地域（イギリスにとっては英連邦諸国、アメリカにとってはモンロー主義を適用する中南米地域）については条約が適用されないという了解が行われたのです。米英間の了解は後の国連憲章における集団的自衛権の考え方につながるものとも言えます。

国連憲章（一九四五年）は、戦争の問題について不戦条約よりも徹底した規定を設けました。すなわち憲章は、「すべての加盟国は、その国際関係において、武力による威嚇又は武力の行使を、いかなる国の領土保全又は政治的独立に対するものも、また、国際連合の目的と両立しない他のいかなる方法によるものも慎まなければならない」という表現で、戦争を含むあらゆる武力行使を違法としたのです（第2条4）。

しかし憲章はまた、国際の平和と安全を守るために設けられた集団安全保障体制が動きだすまでの間にかぎって、違法な攻撃に対して各国が自らを守るための武力行使を行う権利を認めるという規定（第51条）を置きました。もっとも、アメリカの国連憲章に関する原案には、自衛権に関する規定はありませんでした。それは、自衛権を否定するという趣旨ではなく、不戦条約の交渉の際に米仏間で確認されたように、改めて規定するまでもない当然の権利だという考えが働いていたからです。

しかしアメリカは、米ソ対立が明らかになってきた憲章交渉の最終段階になって、自衛権に関する条項を織りこむことに熱心になりました。そこには安保理における大国の拒否権の問題と、中南米諸国が採択したチャプルテペック決議（一九四五年三月）との二つがからんでいました。

大国の拒否権の問題というのは次のことです。国連を作ることを主導したアメリカがもっとも重視したのは、国際連盟の失敗の経験を繰り返さないために、国際の平和と安全を担当する安保理において、大国の結束と協調を維持する有効な仕組みをつくることでした。アメリカは、大国の結束と協調は大国一致の原則によって確保されると考えました。しかし同時にアメリカは、アメリカの行動の自由が安保理（具体的には他の大国）によって制限されないように確保することにも大きな関心を持ちました。

大国一致原則とアメリカの行動の自由確保という要請とは相矛盾するものであり、双方を満たすことにははじめから無理がありました。アメリカが行動の自由を主張すれば、他の大国も同じように行動の自由を主張し、したがって大国一致が得られにくくなるのは見やすい道理だからです。

この相矛盾する要求を調和させる仕組みとしてアメリカが考えたのが、大国の拒否権でした。安保理における大国の拒否権とは、手続きにかかわる事項を除いて、安保理の決定に関しては五大国（安保理常任理事国）すべての賛成が必要とされる（大国の中の一国でも反対すれば決定できない）という仕組み（第27条3）を指しています。

チャプルテペック決議とは、米州（つまり北南米）諸国のいずれの国家に対して行われる攻撃であっても米州全体に対する攻撃とみなし、侵略国に対して米州諸国が集団的に対抗措置（軍事的手段を含む）を取ることを定めたものです。

国連憲章は、加盟国が地域的な取り決めを作って「国際の平和及び安全の維持に関する事項で地域的行動に適当なものを処理する」ことを認めています（第52条1）。しかし憲章原案では、地域的取り決めに基づく軍事行動については、安保理の許可が必要とされるとしていたのです。ということは、ソ連が拒否権を行使すれば、チャプルテペック決議が予定する軍事行動はとれないことになってしまいます。

そこで中南米諸国の意を体する立場だったアメリカは、同決議がソ連の拒否権行使で影響を受けないようにするための規定を国連憲章に入れる道を探りました。その結果として登場したのが、自衛権を膨らませて集団的自衛権という権利を設けるというアイデアでした。

自衛権を膨らませるというのは私流の表現ですが、次のようなことです。

単に自衛権を規定したのでは以上の問題に対する答にはなりません。自衛というのはあくまでも自分自身を守るということですから、チャプルテペック決議が定めているような以上の事態には対処できません。国家は他国のために（あるいは他国に代わって）武力行使を行うことが権利として認められるとする根拠を、憲章に盛りこむ必要があります。

しかし、これは私の推測ですが、仮にアメリカがまったく新しい権利として以上のことを憲章に盛りこむことを提案したとすれば、ソ連その他から抵抗や反対の声が上がることもあり得たと思います。そういう抵抗や反対を未然に封じるためには、「他国のために（あるいは他国に代わって）武力行使を行う権利」があたりまえのものであると言いうることが必要だったのではないでしょうか。

そこでアメリカが考えだしたのが、「個別的又は集団的自衛の固有の権利」として自衛権を膨らませるアイデアだったというわけです。主権国家には「自分を自分で守る」という自衛権があることについては国際的に異論がない。その自衛権の中には、密接な利害関係を共有する国家が一緒になって「自分たちを自分たちで守る」権利が含まれるという立論であれば、抵抗や反対も少なくなる。アメリカの提案の背景については、以上のように考えることが自然だと思います。

したがって以上の第51条制定までの経緯を踏まえ、「集団的自衛権」とは次のように定義されます。すなわち、「ある国が武力攻撃を受けた場合に、その国と密接な関係にある他の国が攻撃を受けたその国とともに、あるいはその国のために反撃する権利」ということです。

しかし以上はあくまでも、アメリカの立場から集団的自衛権という「権利」についての説明の仕方を考えればそういうことになるだろう、ということです。自衛権の本来的な意味から言えば、「他者（国）を守る（他衛）」という含意はありえないわけですから、「集団的自衛」という言葉自体に無理がある（概念矛盾である）ことは否定できないでしょう。

ただし、不戦条約の交渉における米英間の了解のことを思いだせば、アメリカの集団的自衛権というアイデアが苦しまぎれの思いつきの産物では必ずしもないことがわかると思います。戦争違法化の歴史的な流れについては、アメリカとしても反対する理由はない。しかし、違法化によってアメリカの軍事行動の自由が縛られることを認めるわけにはいかない。その自由を担保するための根拠をハッキリさせておく必要がある。そういうアメリカの一貫した発想が、自衛権を膨らませる形で集団的自衛権という「権利」を国連憲章に盛りこむことに結びついていったと考えられるのです。

以上の経緯を経てつくられた国連憲章第51条の規定は次のとおりです。

> この憲章のいかなる規定も、国際連合加盟国に対して武力攻撃が発生した場合には、安全保障理事会が国際の平和及び安全の維持に必要な措置をとるまでの間、個別的又は集団的自衛の固有の権利を害するものではない。この自衛権の行使に当って加盟国がとった措置は、直ちに安全保障理事会に報告しなければならない。また、この措置は、安全保障理事会が国際の平和及び安全の維持又は回復のために必要と認める行動をいつでもとるこの憲章に基く権能及び責任に対しては、いかなる影響も及ぼすものではない。

Key point《キーポイント》

●自衛権の問題が注目された最初のケースは一八三七年のカロライン号事件でのイギリスの説明内容が、

自衛権行使の3要件として国際的に認められた。「切迫した自衛の必要性があり」（切迫性）、「ほかに手段の選択の余地がなく、熟慮の時間もない」（必要性）、「実力行使の程度は、このような必要性によって限定され、明らかにその限界内に止まるものであること」（相当性）。日本政府の解釈もこの内容に準じている。

●自衛権の問題が本格的に議論されたのは不戦条約が作られる際で、米仏の間で、戦争放棄の規定は正当防衛の権利、すなわち自衛のための戦争を行う権利を害さないという了解があった。

●国連憲章は、集団安全保障体制が動きだすまでの間にかぎって、違法な攻撃に対して各国が自らを守るための武力行使を行う権利を認める、という規定（第51条）を置いた。これは、米ソ対立が明らかになってきた時期に、アメリカが自衛権に関する条項を織りこむことに熱心になった結果でもある。

●アメリカは、行動の自由確保のため大国の拒否権を考えだしたが、ソ連の拒否権行使の影響を受けないように、自衛権を膨らませて集団的自衛権を設けるアイデアを出した。国家は他国のために（あるいは他国に代わって）武力行使を行うことが権利として認められる、とする根拠を憲章に盛りこんだのである。

●自衛権の本来的な意味から言えば、「他者（国）を守る（他衛）」という含意はあり得ないので、「集団的自衛」という言葉自体に無理がある（概念矛盾である）ことは否定できない。

〈今日における自衛権及び集団的自衛権〉

以下においては、第51条の規定の今日的な意味について、国際的に論点となってきた点にしぼってお話を進めます。私自身の理解を確認するため、ブルーノ・ジンマ等編『国際連合憲章注釈（第三版）』（"The Charter of the United Nations, a Commentary" 3rd Edition, 2011）、クリスティーン・グレイ著『国際法と武力行使』（"International Law and the Use of Force" 3rd Edition, 2008）、ヴォーガン・ロウ等編『国連安全保障理事会と戦争』("The United Nations Security Council and War", 2008) などを参考にしましたが、以下ではいちいち紹介しません。

また、私自身は集団的自衛権の本質が「他衛」であり、「自衛権」として扱うのには問題があると考えていることはすでに述べたとおりです。しかし、国際法学者は、ジンマにしてもグレイにしても、国連憲章で定めた権利として集団的自衛権と自衛権とを区別せずに扱っています。そして、集団的自衛権に特有の問題を補足的に取りあげるという扱い方です。したがって、以下においては、彼らの扱い方に従って議論を進めることにします。

自衛権をめぐる今日的な問題は、カロライン号事件を通じて整理された慣習国際法である自衛権（とくに自衛権行使の3要件）と、国連憲章第51条が定める自衛権に関する規定とが内容的にまったく同じとは言えないことから生まれている面が多いと言えます。慣習国際法上の自衛権（とくに自衛権行使の3要件）及び国連憲章第51条については前に紹介しました。

一般には、「後法は前法に優先する」という原則（後法優越の原則）が適用されるので、自衛権に関しては、①第51条と慣習国際法の中身が重複しかつ異なる部分に関しては、後法としての第51条は前法としての慣習国際法に優先するか、②慣習国際法としては認められてきた自衛権の内容であって、第51条において認められているかどうかが規定の文言からはハッキリしない点、あるいは両者の間で内容的に出入りがあるように見られる部分についてはどのように理解するべきか、という問題が生まれるのです。

最初に断っておきますが、以上の二つの問題の整理の仕方は、読者の皆さんにとって問題点を整理して考えていただくために、私が大胆に行うもの（法律的な厳密さについてはある程度目をつぶっています）であり、ジンマやグレイがそういう分け方をしているわけではありません。

まず、第51条と慣習国際法の中身が重複する部分についての問題です。慣習国際法における自衛権は、言うならば戦争が合法の時代の権利でした。それに対して第51条における自衛権は、憲章第2条4で戦争が違法化されたもとでの例外的、一時的にのみ認められる権利です。したがって、慣習国際法としての自衛権は第51条上の自衛権より武力行使の権利を幅広く認めます。

この点についての支配的な見方は、第51条の安易な拡大解釈、すなわち自衛権及び集団的自衛権の中身をむやみに膨らませるようなことは行われてはならないとします。つまり、慣習国際法として認められてきた武力行使の権利であっても、第51条によって否定されなければならないものがあるということです。これがとくに議論の対象になるのはいわゆる「予想に基づく自衛（先制自衛）」の問題です。

慣習国際法においては、自衛権行使の3要件の最初である「切迫性」（日本政府の言う「急迫不正の侵害」）があるときには、自衛権としての武力の行使が認められるとします。「切迫性」あるいは「急迫不正の侵害」というのは、武力攻撃が行われる場合だけでなく、武力攻撃が切迫している（しかしまだ現実には起こっていない）場合を含むと理解されてきました。これが「予想に基づく自衛（先制自衛）」の権利とされてきたものです。しかし第51条は「武力攻撃」があった場合に限って自衛権の行使を認めます。戦争違法化のもとで自衛権をなるべく制限的にのみ認めるという国連憲章第51条においては、先制自衛は禁じられていると理解するべきだという立場です。これが多数説です。

多数説によれば、①先制自衛を認めることは第51条で定める自衛権の中身を不適切に広げてしまうこと、②先制自衛と称する武力行使は第51条の「武力攻撃が発生した場合」という規定に明らかに反すること、③国際関係における一方的な武力行使を最小限にまで減らすという国連憲章の目的にも反していること、しかも④攻撃が切迫しているかどうかの判断は国家の判断にゆだねられてしまうから濫用される危険が多く、そのこともまた憲章の目的と反する結果を生むことにつながるなどの理由から、憲章第51条のもとでは先制自衛は禁じられているとされます。

しかし、少数派のアメリカなどは、第51条はもともと国家に備わっている自衛権を確認したにすぎず、慣習国際法上の先制自衛の権利は第51条のもとでも認められていると主張してきました。

この問題に関しては、アメリカのブッシュ（子）政権が国家安全保障戦略（NSS、二〇〇二年）において先制攻撃に関するいわゆる「ブッシュ・ドクトリン」を打ちだし、二〇〇三年にアメリカが有志連合諸国とともにイラクに対して侵攻したことを契機として、改めて議論が行われることになりました。

NSSは、「急迫する脅威」という慣習国際法上の要件をテロリズム及び大量破壊兵器の拡散という今日的脅威の存在に適合させ、自衛権行使の解釈において「テロリストに対して先制的に行動すること」を認めるべきだと主張しました。そして二〇〇三年のイラク侵攻でこの主張を実践しました。しかし、各国及び国際法学者で、ブッシュ・ドクトリン及びイラク侵攻を支持したものは少数で、ほとんどの国家及び学者がこの主張を拒否しました。ちなみに、小泉政権の日本はブッシュ政権の主張を無条件で支持した数少ない国家の一つでした。

そもそも、「先制自衛」と「先制攻撃」とは似て非なる概念です。第51条のもとでも先制自衛は認められると主張するもの（ブッシュ政権以前のアメリカの政権を含む）も、自衛権行使の3要件である「切迫性」（日本政府の言う「急迫不正の侵害があること」）はもちろん、他の2つの要件である「必要性」（日本政府の言う「実力行使以外の手段がないこと」）及び「相当性」（日本政府の言う「必要最小限度の実力行使であること」）の原則も守らなければならないことを認めます。しかし、ブッシュ・ドクトリンの先制攻撃においてはこれらの要件がすべて吹きとんでしまっているのです。ですから、先制攻撃を先制自衛の一態様と位置づけることは完全な誤りです。

したがって、ほとんどの国家及び学者が先制攻撃の正当性を否定したのは当然と言えます。ブッシュ政権の後を継いだオバマ政権も先制攻撃について公言しなくなりました（ただし先制核攻撃の可能性を残していることは従来の政権と同じです）。

ちなみに、安保法制懇の北岡伸一座長代理は、近い将来に最終的にまとまる中期防衛大綱の見直しにおいて、「北朝鮮のような近隣からのミサイル攻撃に対する防衛のため、敵基地を攻撃する能力を取得することを提言するかもしれない」と述べ、ただし、そのような能力は攻撃が切迫しているときのみに限られ、「先制攻撃」のためではないとつけ加える発言を行いました（→Ⅰ、Q5）。この発言の趣旨は、先制自衛としての敵基地攻撃は自衛権の行使として認められる、しかし、ブッシュ流の先制攻撃ということではない、という考えを述べたものです。

しかし、「先制自衛」そのものについてはその後も議論がくすぶり続けています。とくに、国連事務総長が二〇〇五年の国連世界サミット会合に向けて設置した国連高級パネルは二〇〇四年に、「長期にわたって確立した慣習国際法により、国家は、脅威が切迫しており、ほかに手段がなく、取る行動が相当なものである限度において、軍事行動を取ることができることは明らかである」と述べました。また国連事務総長自身も、世界サミット会合に向けて「より大きな自由」と題する報告（二〇〇五年三月）を提出し、その中で切迫した脅威は第51条によってカバーされていると主張しました。

しかし同パネル及び事務総長の見解に対しては、非同盟運動諸国が国際司法裁判所（ＩＣＪ）の判決を引用して批判を提起しました（二〇〇五年）。しかも、以上の二つの報告の提出を受けた世界サミット会合の最終文書は、先制自衛の問題を避けて通ったのです。結論としては、先制自衛の問題については、国際的に結論が出るにはほど遠い状況にあると言うべきでしょう。むしろ国際的な多数意見は、憲章第51条によって先制自衛の権利は否定されたとします。

次は、慣習国際法としては認められてきた自衛権の内容であって、第51条においては認められているかどうかが規定の文言からはハッキリしない点、あるいは両者の間で出入りがあるように見られる部分については、どのように理解するべきかという問題です。この点では二つの具体的な問題が挙げられます。

第一の問題は、戦争の違法化を定めた第2条4に言う「武力の行使」と、第51条自衛権行使の前提とされる「武力攻撃」との関係をどう理解するかです。

第2条4に言う「武力の行使」と第51条に言う「武力攻撃」の中身は完全に一致するわけではありません。第2条4の「武力の行使」は第51条の「武力攻撃」を含みますが、それより広い概念です。つまり、第2条4によって戦争を含むあらゆる武力の行使は違法になりました。

しかし、第51条に言う武力攻撃には至らない武力行使についてはどう位置づけるのかについて、第51条は何も言っていないのです。そこで、アメリカなどは、武力攻撃には至らない武力行使に対してもそれに見合う程度の防衛的な措置（小規模な自衛措置）をとることは、慣習国際法で認められた自衛権の行使として許されると主張します。

他方、何も言っていないということは認めていないということだという解釈はもちろんあり、こちらのほうが多数説です。つまり、第51条に言う「武力攻撃」のレベルまでには至っていない「武力の行使」の対象になった国家としては、それを違法だと批判・非難することはもちろんできますが、自衛権の行使に訴えることは第51条によって認められないと解するのです。国連憲章が個々の国家による武力行使をできる限り制限することを目的としていることに鑑みれば、武力攻撃に対する反撃として以外の武力行使は排除するというのが第51条の趣旨であると理解する立場です。

第二の問題は、第51条に言う「武力攻撃」に関する定義が国際的に確立していないことです。そのため、具体的なケースについて「武力攻撃」があったと言えるかどうか、議論が行われることになります。

国際的に具体的に問題となってきたのは、海外に展開する自国の軍隊に対して攻撃が加えられる場合、外国にいる自国民に対して攻撃が加えられる場合、武装集団による攻撃を第三国が支援を行う場合などです。近年では、サイバー攻撃の問題も取り上げられます。

海外に展開する自国の軍隊に対して攻撃が加えられるケースの多くは、海外に強力な兵力を展開するアメリカがらみです。たとえば、一九八六年三月二四日にリビアがシドラ湾（公海）上の米海軍機を攻撃したことに対し、アメリカがリビアのミサイル艦及びレーダー基地に武力を行使した事件で、アメリカは翌三月二五日付の安保理議長宛書簡で第51条に基づく自衛権を主張し、フランス、スペイン、日本、ドイツがこれを支持しました。一九八九年一月四日にリビアの二機が米戦闘機を攻撃したとされる時にも、アメリカはこの二機を打ち落としましたが、アメリカは武力攻撃に対する自衛として正当化しました。

ちなみにこのケースは、日本政府がしきりに取りあげる「北朝鮮がアメリカ艦船を攻撃してくる場合」に相当します（→Ⅲ、Q2）。

外国にいる自国民に対して攻撃が加えられる場合についてはどうでしょうか。これは、その外国の政府の同意を得ないで救出作戦が行われるケースに問題となります。自国民救出作戦は第51条に基づく自衛権の行使だと主張する国家としては、アメリカ、イギリス、ベルギー、イスラエルなどがあります。しかし、自国民が他国で襲われたとしても、その国家の安全または存続が脅かされているわけではないとして退ける意見が国際的には多数説です。

武装集団による攻撃を第三国が支援を行う場合については、二〇〇一年に起こった九・一一事件とのかかわりで極めて今日的な問題となりました。この事件を起こしたアル・カイダは、アフガニスタンを根拠地としていました。そのアフガニスタンは、長年にわたる内戦で国家としての体をなさない状況（破綻国家）に陥っていました。したがって、アフガニスタンというう国家がアル・カイダという武装集団のアメリカ攻撃に対して支援を行ったと言いうるか、あるいは、アル・カイダによるアメリカに対する攻撃にアフガニスタンが実質的に関与したと言えるのかという問題が問われたわけです。

二〇〇一年九月一二日の安保理決議１３６８は、九・一一事件のテロリストの攻撃を「国際の平和と安全に対する脅威」とみなし、前文において「憲章に基づく個別的及び集団的自衛の固有の権利」を認めました。そしてアメリカとイギリスは、アフガニスタンに対する軍事行動を開始した後の安保理に対する報告（同年一〇月八日）において、その行動を両国の個別的及び集団的自衛の権利に基づいてとったとしました。そして安保理議長は、プレスに対する声明（同日）において「安保理理事国は、米英による報告を評価している」ことを宣言したのです。

このように、九・一一事件が起こった直後は、「武装集団による攻撃を第三国が支援する場合」を極めて広く解釈したアメリカの主張が国際的に受け入れられる状況がありました。しかし、「対テロ戦争」の実態がイラク戦争、アフガニスタン戦争を通じて明らかになるにつれて、たとえ反撃を行う権利を認めるとしても、自衛権行使の要件である必要性及び相当性の原則は厳格に守られなければならないとする見解が強まっています。

サイバー攻撃に対して自衛権の行使が認められるかどうかについては、サイバー特有のむずかしい課題が指摘されます。たとえば、攻撃の主体を迅速に特定することがむずかしいという問題があります。また、自衛権の行使に当たっては、相手の攻撃が進行中であることを必要とし、その挙証責任も被害国にあるわけですが、そのいずれをも満たすことは実際上むずかしいという問題もあります。さらに以上のすべての要件をクリアできるとしても、自衛権を行使する手段もエレクトロニクスに限定しなければならないという制約がかかります。

最後に、集団的自衛権に固有の留意点としては、次の二点が指摘されています。

第一点は、集団的自衛権は自らが攻撃されていない国家が攻撃された国家に対して支援を提供することをも認めている、と理解されているということです。第51条の規定の文言から判断すると、集団的自衛権は、攻撃されたすべての国家がそれぞれの自衛権を一緒にかつ協調して行使する場合に限定されるように読めます。しかし、そのような制限的な解釈は第51条制定の歴史及び一九四五年以来の国家慣行と一致しないとされています。

第二点は、集団的自衛権を発動する権利は、攻撃された国家の何らかの要請があってのみ行使できるということです。攻撃を受けた国家の要請がなくても集団的自衛権を行使できるとなってしまうと、大国が勝手な理由をつけて軍事介入する口実にしかねませんから、それを排除するという趣旨です。ただし、攻撃を受けた国家と集団的自衛権を行使する国家との間に正式な条約関係があることまでは要求されないとされます。国際的に、攻撃を受けた国家の要請があることを確認できればいいとされます。

この点に関しては、安倍政権が集団的自衛権の行使を可能とする憲法解釈を行おうとしていることに対して、韓国から強い警戒と反対の声が上がっていることで現実の問題になっています。韓国としては、韓国の同意なしに日本が勝手に集団的自衛権の発動として朝鮮半島情勢に軍事的に介入する危険を感じているのです（→Ⅲ、Q4）。

Key point《キーポイント》

●慣習国際法において、「切迫性」（「急迫不正の侵害」）があるときには、自衛権としての武力の行使が認められてきた。「切迫性」には、武力攻撃が切迫している（しかし現実には起こっていない）場合を含むと理解され、それが「予想に基づく自衛（先制自衛）」の権利とされてきた。

●憲章第51条は「武力攻撃」があった場合に限って自衛権の行使を認めている。自衛権は制限的にのみ認められ、先制自衛は禁じられていると理解されるべきだが、アメリカは国家安全保障戦略（NSS）において、先制攻撃に関する「ブッシュ・ドクトリン」を打ちだし、二〇〇三年イラク攻撃を実施した。

●NSSは、「急迫する脅威」をテロリズム及び大量破壊兵器の拡散という脅威に適合させ、「テロリストに対して先制的に行動すること」を認めるべきだと主張し、実践した。ほとんどの国家及び学者がこの主張を拒否したが、小泉政権の日本は無条件で支持した数少ない国家の一つとなった。

●先制攻撃を先制自衛の一態様と位置づけることは完全な誤りである。

●先制的自衛についての国際的な多数意見は、憲章第51条によって先制自衛の権利は否定されたとする。

●第51条に言う「武力攻撃」に関する定義が確立していないので、具体的なケースについて「武力攻撃」があったと言えるかどうかについて議論が行われる。具体的に問題となってきたのは、一．海外に展開する自国の軍隊に対して攻撃が加えられる場合、二．外国にいる自国民に対して攻撃が加えられる場合、三．武装集団による攻撃に第三国が支援を行う場合など。

●二は外国の政府の同意を得ずに救出作戦が行われるケースが問題となる。自国民救出作戦は自衛権の行使だとアメリカ、イギリス、ベルギー、イスラエルなどは主張するが、自国民が他国で襲われたとしてもその国家の安全・存続が脅かされているわけではないとして退ける意見が国際的には多数説である。

●三は九・一一とのかかわりで極めて今日的な問題となった。アル・カイダはアフガニスタンを根拠地としていたが、アフガニスタンは長年にわたる内戦で破綻国家に陥っていたので、アル・カイダに支援をしたり、アメリカに対する攻撃に実質的に国家として関与したと言えるのか、という問題が問われた。

●九・一一直後はアメリカの主張が国際的に受け入れられる状況があったが、「対テロ戦争」の実態がイラク戦争、アフガニスタン戦争を通じて明らかになるにつれて、自衛権行使の要件である必要性及び相当性の原則は厳格に守られなければならないとする見解が強まっている。

●集団的自衛権を発動する権利は、攻撃された国家の何らかの要請があってのみ行使できる。

Q2 「集団安全保障」とは何もの？

◆国連憲章が「集団安全保障」について定めていると聞いたけど、どういう中身なの？
◆国連の集団安全保障の具体的なものとしてはどういうものがあるのかな？
◆国連の平和維持活動（PKO）はもちろん「集団安全保障」なんでしょう？

◆安全保障理事会が中心になって活動する、と聞いたことがあるけど？

A

安倍政権は集団的自衛権を行使できるようにするために、憲法第九条の解釈を変える必要があると主張しています。また、安倍首相が二〇〇七年につくった安全保障の法的基盤の再構築に関する懇談会（安保法制懇）が二〇〇八年に出した報告書を読みますと、集団的自衛権を行使することのほかに、国連の集団安全保障体制に日本の自衛隊が積極的に参加することを可能にするためにも、第九条の解釈を変更することが必要だと主張していることも忘れるわけにはいきません。そのことも念頭におきながら、国連の集団安全保障体制とはどういうものであるかについて説明しておきたいと思います。

集団安全保障という考え方は、イギリスの国際政治学者で「イギリス学派」の創始者の一人と言われているマーティン・ワイト（一九一三～一九七二年）によりますと、ウェストファリア条約（一六四八年）以後に主権国家を中心とする国際社会が形成されてまもなく、欧州で生まれた国際秩序を維持するための仕組みに関する構想です。当時考えられたことは、欧州国際社会の秩序を破ろうとする国家に対して、他の諸国が共同して当たることによって、秩序の回復に努めるということでした。

集団安全保障体制を最初に具体化したのは国際連盟規約でした。初めての試みであっただけに、制度面でも実際面でも問題が多く、その試みは失敗に終わりました。しかし、第二次世界大戦のさなかから戦後の国際秩序のあり方を検討したアメリカは、国際連盟の失敗の教訓に学び、より有効な集団安全保障の仕組みを作って、アメリカ主導のもとで国際の平和と安全を守ることを考えました。それが国連憲章において具体化されたのです。

〈国連憲章と集団安全保障体制〉

国連憲章が定める集団安全保障に関する基本的な考え方は、国際社会が直面する問題をなるべく平和的方法で解決するということです。そのために、安全保障をできるだけ広い意味で捉え、経済、社会、文化、人道等の様々な分野で起こる問題を、国際協力によって解決し、国際紛争の種をできる限り未然に防止することにしました（第1条3）。

そのような努力にもかかわらず不幸にして紛争が起こった場合にも、憲章は当事国に対して何よりもまず平和的手段によって問題を解決することを求めます（第6章。とくに第33条1）。また、国際の平和と安全に主要な責任を負う安全保障理事会（安保理）も、紛争の平和的解決のために努力することになっています（第33条2）。

それらの努力にもかかわらず事態が深刻となり、「平和に対する脅威、平和の破壊又は侵略行為」（第39条）が起こった場合、安保理は事態の悪化を防ぐための暫定措置を講じ（第40条）、あるいは非軍事的措置で問題解決を図ることを追求します（第41条）。このように、国連憲章はあくまでも問題・紛争の平和的解決を重視していることを忘れてはなりません。

国連（安保理）が軍事的な強制措置をとるのは、「（非軍事的措置では）不充分であろうと認め、又は不充分なことが判明したと認めるとき」の最終的手段としてです（第42条）。また、空海陸の軍事行動を取る主体は安保理であり（第42条）、国連加盟国は安保理との特別協定に基づいて必要な兵力などを安保理に利用させることになっています（第43条1）。つまり憲章上、集団安全保障のための軍事的措置をとる主体は安保理であり、個々の加盟国ではないのです。以上が国連憲章で定めている集団安全保障の基本的な考え方であり、仕組みです。

ここで一つ留意しておきたいことがあります。主権国家の内政に対して干渉してはならない（内政不干渉）という原則は、国際法で確立した国家関係のもっとも基本的な原則の一つです。国連憲章もこの原則を確認しています（第2条7）。しかし、安保理が憲章第7章に基づいて取る強制措置に関しては、内政不干渉の原則が適用されないとしているのです（同条但し書き）。

そして憲章は、「国際の平和及び安全の維持に関する主要な責任」は「安全保障理事会に負わせる」（第24条1）と定めます。加盟国は「安全保障理事会が…加盟国に代わって行動することに同意」（同）し、とくに安保理が憲章第7章（第41条及び第42条）に基づいて決定したことについては、加盟国は「安全保障理事会の決定をこの憲章に従って受諾し且《か》つ履行《りこう》することに同意」（第25条）しているのです。安保理が持つ強力な権限は以上の規定に由来することを理解しておいていただきたいと思います。

国連の集団安全保障体制のポイントは大きく言って二つです。一つは、安保理が国際の平和と安全を守る主要な責任を担うことです（大国ではありません！）。もう一つは、それが実現を目指すのは国際の平和と安全を維持し、回復することであり、侵略などの行為を犯した国家との軍事的な対決ではないということです。この二点において、自衛権及び集団的自衛権とはまったく違うことをハッキリ確認してください。

つまり、国連の集団安全保障体制とは、国際社会の平和と安全に対する脅威、破壊があり、あるいは現実に侵略行為が発生したときに、国連が国際社会を代表して、非軍事的措置及び最終的には軍事的強制措置によってこれを排除し、国際の平和と安全を確保する（維持し、回復する）仕組みのことです。

これから、国連の集団安全保障体制が実際にたどってきた歩みを見ることにします。結論を先に言えば、国連の集団安全保障体制の現実は、国連憲章が予定したものとはかなり違ったものとなってきています。その現実をどのように評価するかは、どのようなモノサシで判断するかによって変わるでしょう。大げさな言い方になるかもしれませんが、一人ひとりの世界観によってもその評価は大きく影響されると思います。たとえば国際政治の本質はパワー・ポリティクス（権力政治）であると考える立場の人からすれば、大国ではなくて安保理が主体となって営まれることが予定されている国連の集団安全保障体制そのものが、はじめから非現実的だったという批判は免れないでしょう。

他方、国内社会と同じく国際社会においても正義（人権・デモクラシーという普遍的価値）が実現されるべきだと考える立場の人からすれば、五大国が大きな影響力を発揮する安保理が物事を支配する国連の集団安全保障体制では、正義の実現は期しがたいと考えるでしょう。

あるいは、国連憲章を含む国際法についてどのような見方を取るかによっても評価は分かれると思います。たとえば、国連憲章に定める集団安全保障体制を肯定する立場のものは、憲章の規定の趣旨が忠実に実現されればされるほど望ましいと考えます。そういうものからすれば、安保理決議に基づく実際の措置が憲章の規定の趣旨から離れれば離れるほど、所期の集団安全保障体制は実現されておらず、そのような現実を規定の趣旨に近づけるようにしなければならないということになるでしょう。

しかし、国連憲章を含む国際法については、中央政府が存在しない国際社会の現実を踏まえ、規定の厳密な実現を期待することにははじめから無理があると考えるものは、集団安全保障体制の本質・大枠が損なわれないかぎり、安保理が試行錯誤の中から確立していく慣行を受けいれるべきだと考えるでしょう。

また、国連の集団安全保障体制に対する評価は、国連の立場に立つか国家の立場に立つかによっても変わってきます。国連としては、できるかぎり個別の国家の影響から独立した集団安全保障体制の運営が望ましいのは当然です。しかし国家（とくに大国）としては、自国の利害が国連によって損なわれることはできる限り排除したいという本音が働きます。現実の国連の集団安全保障体制は必然的に両者の間の妥協という性格を帯び、その現実に対して、それぞれの立場に基づくちがった評価が出てくるわけです。

さらに根本的な問題があります。自衛権に関しては一般（慣習）国際法として確立した一定の原則（自衛権行使の3要件）がありました。したがって、国連憲章第51条をどのように位置づけ、解釈するかについて考えるモノサシがあったわけです。

ところが、集団安全保障体制はいわば国連憲章で新しくつくり出されたものですから、自衛権における国際法上の原則（自衛権行使の3要件）といった客観的な基準はないのです。したがって、以上のような様々なモノサシ・立場に基づく評価が行われることを避けられません。

しかし、特定の立場に立って集団安全保障体制について述べることは、この本の目的から言いますと、必ずしも望ましいこととは思われません。というのは、なるべく読者の一人ひとりが主体的に判断する材料を提供することにこの本の目的があるわけですから。

そのために以下では、二つの基準を立ててお話しすることにします。一つは安倍政権の関心の所在（国連の集団安全保障体制に積極的に自衛隊を参加させるということ）について読者の皆さんが判断する上で参考となる事実関係を中心にして述べることです。もう一つの基準は憲章の規定の文言及び国家の慣行を重視するアプローチをとることです。以上に挙げた様々なモノサシで言えば、最後のモノサシであり、しかも国連と国家の双方の立場・慣行をともに考慮に入れるということです。

Key point《キーポイント》

●国連憲章が定める集団安全保障の考え方は、国際社会が直面する問題をなるべく平和的方法で解決するということ。あくまでも問題・紛争の平和的解決を重視している。

●国連（安保理）が軍事的な強制措置をとるのは最終的手段であり、軍事行動をとる主体は安保理で、国連加盟国は安保理との特別協定に基づいて、必要な兵力などを安保理に利用させることになっている。

●国連の集団安全保障体制のポイントは、安保理が国際の平和と安全を守る主要な責任を担うこと。目指すのは国際の平和と安全を維持し、回復することであり、侵略などの行為を犯した国家と軍事的に敵対することではない。この二点において自衛権及び集団的自衛権と、集団安全保障とはまったくちがう。

●国際政治の本質はパワー・ポリティクス（権力政治）であると考える人からすれば、安保理が主体となる集団安全保障体制は非現実的であるという批判があり、他方、国際社会において正義（人権・デモクラシーという普遍的価値）が実現されるべきだと考える立場の人からすれば、五大国が大きな影響力を発揮する安保理が支配する集団安全保障体制では、正義の実現は期しがたいと考える。

●国連憲章に定める集団安全保障体制を肯定する立場の人は、憲章の規定の趣旨が忠実に実現されることが望ましいと考え、安保理決議に基づく実際の措置が憲章の規定の趣旨から離れれば離れるほど、現実を規定の趣旨に近づけるようにしなければならないと考える。

〈一九九〇年代初の国連の模索〉

安保理が集団安全保障体制の一環として軍事的な措置を積極的にとるようになったのは、米ソ冷戦終結後の一九九〇年のいわゆる湾岸危機以後のことです。一九九〇〜九一年の湾岸危機・戦争は、米ソ冷戦終結を受けた安保理が、国際の平和と安全を維持・回復するためにいかなる行動をとりうるかが最初に試されたケースでした。この時に安保理がとった行動が、その後も繰り返される（先例的な役割を果たす）ことになったという点でも重要なケースですので、まずこのケースにかかわる事実関係を紹介します。また日本にとっては、湾岸危機・戦争は日本に対して、国際紛争にどのようにかかわるのかを厳しく問いかけた最初のケースでした（→Ⅰ、Q３）。

安保理は、イラクのクウェート侵入（一九九〇年八月二日）後直ちに、憲章第40条に基づく暫定措置としてイラク軍の即時無条件撤退を要求しました（決議６６０）が、早くも四日後（八月六日）にはこの決議が実施されていないとし、憲章第7章のもとで行動するとして、すべての加盟国が経済制裁を取ることを決定しました（決議６６１）。ここまでは、憲章の規定に従って行動したことが確認できます。

他方、アメリカはサウジアラビアにアメリカ軍を急派（八月七日）し、この行動をクウェートの要請に基づく集団的自衛権の行使と主張しました（一九九〇年八月一四日のブッシュ大統領発言）。さらにアメリカは有志を募り、イギリス、フランス、ドイツなどのＮＡＴＯ諸国、サウジアラビア、エジプト、シリアなどの中近東諸国を含む三十数カ国の参加を得ていわゆる多国籍軍を組織して、イラクの軍事行動を強く牽制しました。これが、その後繰り返される多国籍軍や有志連合軍の先駆けとなりました。

安保理は、九月二四日に経済制裁をさらに実効あらしめるための、対イラク空輸禁止の決定を行います（決議６７０）。そして一一月二九日に、「（一九九一年）一月一五日以前にイラクが（安保理諸決議を）実行（浅井注・クウェートからの撤兵）しなければ、クウェート政府と協力する加盟国に対して…すべての必要な措置を取る権限を与え」（第2項）、また、すべての国家が「（第2項に従ってとられる行動に対して）適切な支援を提供することを要請」（第3項）しました（決議６７８）。

この決議第2項の「すべての必要な措置を取る権限を与える」という文言は、第42条に基づく軍事的措置を指すものとして、その後の安保理決議で繰り返されるものとなりました。つまり安保理は、第43条の規定に基づいて自ら国連軍を組織することができない現実のもとで、すでにアメリカ主導で集団的自衛権の行使として組織され、展開していた多国籍軍に対して、安保理に代わって行動することを認めたのでした。こうして、緊迫した情勢の下で憲章の規定どおりに事を進められないままに、集団安全保障体制と集団的自衛権とがいわば交じりあうケースが生まれ、その後も繰り返されていくことになったのです。

アメリカが主導する多国籍軍はイラク軍を圧倒し、イラク軍がクウェートから撤退することによって湾岸戦争は終結しました。ちなみに、日本政府は当時多国籍軍に対して一三〇億ドルの資金援助を行いましたが、そこで根拠とされたのはこの決議の第3項でした（→Ⅰ、Q3）。

このように、安保理がとった行動は憲章の規定に忠実に従ったものではなかったのですが、イラクによるクウェート侵略・併合を許さなかったという成果は、米ソ冷戦終結後の新しい国際秩序のあり方を模索する国際的な流れの中で、国連の新しい可能性を示すものとして積極的・肯定的に受けとめられました。

そういう国連に対する国際的な期待感の高まりを背景に、一九九二年に当時の国連事務総長だったブトロス・ブトロス・ガリは、「平和への課題」と題する報告を発表しました。これは、国連による集団安全保障体制を本格的に推し進めようとする意欲的なものでした。しかしその構想は、従来の平和維持活動（ＰＫＯ）を基盤にしながら、「平和強制（執行）」、「予防展開」という名のもとに、国連主体の軍事的措置（武力行使）を積極的にとることを提起した点で、当初から問題をはらんでいました。

そもそものＰＫＯは、米ソ冷戦時代に安保理が米ソ対立で身動きがとれない状況で、国連事務局が国際の平和と安全を維持するための活動を模索する中で生みだされ、試行錯誤を重ねて確立してきたという歴史があります。ＰＫＯは、米ソ冷戦、とくに米ソ両大国の思惑によって翻弄《ほんろう》されることを避けるため、紛争当事者間の停戦合意、紛争当事者による国連による平和維持軍（ＰＫＦ＝監視団または平和維持部隊）派遣の受け入れ同意、ＰＫＦの中立性確保という3原則（ＰＫＯ3原則）を自らに厳格に課すことによって実績を積みあげました。その活動は、紛争の平和的解決（憲章第6章）と軍事的解決（同第7章）との狭間を埋めるという性格ゆえに、「6章半の活動」と形容されることもありました。

ところがガリの構想の基本は、「平和強制」、「予防展開」を担う軍事組織の編成については、協力に同意する各国による自発的提供というＰＫＯ方式をそのままにしつつ、その軍事活動に関しては、第7章の領域（強制行動）に入りこむというものでした。平和強制及び予防展開の具体的な事例を見ましょう。

平和強制としては、ソマリア内戦を収拾するために一九九三年に組織されたものが最初で、かつもっとも注目されたケースです。

すなわち一九九三年三月に安保理は、一九九二年に組織されていた「国連ソマリア活動」（ＰＫＦ　決議751）の規模と権限を拡大して「第二次国連ソマリア活動」と名づけ、難民救済、戦闘阻止、武装解除、ソマリア全土における安全環境確立など、ソマリアという国家の再建を援助するという膨大な任務を設定しました（決議814）。ソマリア作戦には多国籍軍（決議794）もかかわるという構成でした。

アメリカは、クリントン政権就任後間もない時期には国連の軍事機能を強めることに前向きで、ソマリアに展開する多国籍軍にも積極的に加わりました。しかし、ソマリア民兵との激しい戦闘でアメリカ兵が犠牲になり、死亡した兵士の遺体が引きずり回される映像が大きく流されることによってアメリカ社会にショックが広がり、アメリカは多国籍軍から撤退する（一九九四年）だけでなく、国連には大規模な軍事作戦を担う能力はないという見極めをつけることになりました。その結果、国連は一九九五年にソマリアにおける活動からの撤収に追いこまれました。

国連の平和強制活動としては、一九九二年から一九九五年にわたって続いたボスニア・ヘルツェゴビナ内戦に対する国連の関与のケースも挙げられます。しかし、このケースについてより注目されるのは、NATOが一九九五年に安保理決議の裏付けなくセルビアに対して行った空爆作戦です。これは、国際の平和と安全について主要な責任を担うのは国連という、憲章の根幹を突きくずす重大な動きでした。しかもNATOは、この行動を一回限りの例外として位置づけるのではなく、一九九九年の新戦略概念における重要な構成要素として位置づけていくのです（→I、Q4）。

　予防展開としては、一九九五年三月にマケドニアの要請を受けて欧米主要国の軍隊によって構成された国連予防展開軍が、マケドニアのユーゴスラビア（コソヴォ）との国境沿いに展開したケースがあります（決議983）。この予防展開軍は、一九九二年からユーゴスラビア紛争の停戦監視に当たっていたPKF（国連保護軍）がそのまま衣替えしたのでした（一九九九年に活動終了）。

　このケースは、ユーゴによる攻撃を恐れたマケドニアの要請に安保理が応じたということですから、国連（安保理）ははじめから一方の側に立って他方の側と対立する立場を取っています。集団安全保障の本質からはずれているという指摘は免れないところです。ただし、マケドニアの独立を維持することには貢献したという結果に着目した肯定的な評価もあります。

　以上、一九九〇年代初めの国連の平和強制活動についてごく簡単に説明しました。とりあえずの結論として、湾岸戦争によって高められた（国連の）効果的な強制活動に対する希望は、ボスニア及びソマリアにおける挫折、後退によってしぼんでしまったと言えるでしょう。

Key point《キーポイント》

●安保理が集団安全保障体制の一環として軍事的な措置を積極的に取るようになったのは、米ソ冷戦終結後、一九九〇年のいわゆる湾岸危機以後である。

●アメリカはサウジアラビアにアメリカ軍を急派し、クウェートの要請に基づく集団的自衛権の行使だと主張した。さらに、イギリス、フランス、ドイツなどのNATO諸国、サウジアラビア、エジプト、シリアなどの中近東諸国を含む三十数カ国の参加を得て、いわゆる多国籍軍を組織した。

●安保理は対イラク空輸禁止の決定、イラクが撤兵しなければ、クウェート政府と協力する加盟国に「すべての必要な措置を取る権限を与え」、多国籍軍に行動することを認めた。こうして、集団安全保障体制と集団的自衛権とがいわば交じり合うケースが生まれ、その後も繰り返されていくことになった。

●平和維持活動（PKO）は、米ソ冷戦時代、国連事務局が国際の平和と安全を維持するための活動を模索する中で生みだされ、紛争当事者間の停戦合意、紛争当事者による国連による平和維持軍（PKF監視団または平和維持部隊）派遣の受け入れ同意、PKFの中立性確保という3原則（PKO3原則）を厳格に課すことによって実績を積み上げげた。

●ブトロス・ブトロス・ガリは、「平和強制（執行）」、「予防展開」として、国連主体の軍事的措置を積極的に取ることを提起。平和強制としてはソマリア内戦を収拾するために組織されたケースが注目された。

●ボスニア・ヘルツェゴビナ内戦に対する平和強制で、NATOが安保理決議の裏付けなくセルビアに空爆作戦を行った。このことは、国連憲章の根幹を突き崩す重大な動きであった。

●湾岸戦争によって高められた（国連の）効果的な平和強制活動に対する希望は、ボスニア及びソマリアにおける後退によってしぼんでしまった。

〈一九九〇年代中頃からの国連の集団安全保障体制の展開〉

それでは、一九九〇年代中頃以後の約二〇年間の安保理の活動はどのようなものとして捉えられるでしょうか。

安保理は、一九九〇年代初めの失敗は手を広げすぎたことにあるという反省に立って、平和強制の目的を絞りこむというアプローチで、活動を再び活発化していくことになりました。平和強制行動の及ぶ対象・範囲は国家間の紛争だけに留まらず、内戦にもかかわっていくようになります。

国際の平和及び安全を維持するのが国連憲章の基本的な目標ですが、安保理は「国際の平和と安全」についての定義をいかようにも行うことができるため、安保理の権限は、大国の意向が合致しさえすれば、極めて広範に及ぶことが可能です。また、安保理は、ある事態、事件が「平和に対する脅威、平和の破壊」に当たる、あるいは「侵略行為の存在」に該当すると決定しさえすれば、第7章に基づく軍事強制措置を取ることができます。

安保理の活動が活発になることを受けて、安保理の強制的権限の範囲はどこまで及ぶのか（事実上無制限なのか）という問題が活発に議論されることになりました。とくに議論の中心になったのは、第7章の安保理の権限を行使する前提となる「平和に対する脅威」の範囲如何という問題であり、また、安保理の活動に関しては法律的、軍事的な限度・制限があるのかという問題です。

まず、安保理の強制的権限の範囲はどこまで及ぶのかという問題に関しては、多くの国際法学者は、憲章において明確に授権されていない分野に安保理がかかわることについては、正統性が欠けるという立場です。しかし現実には、冷戦終結後の安保理は平和維持という枠を越えて、予防措置、法の執行、紛争解決、準司法、準立法、統治などの分野でも活動するようになっています。

また、安保理の活動には法律的な限度・制限があるのかという問題に関しては、憲章第7章に基づいてとられる措置は平和を守らせることを目的としており、国際法違反があったかどうかに基づいてとられるわけではありません。

安保理の活動の軍事的な限度・制限があるかという問題に関しても、安保理は実際にいくつかのケースにおいて大規模な軍事行動を認めました。すなわち、二〇〇一年の九・一一事件を受けてアフガニスタンに展開した有志連合軍、及び二〇〇三年にリベリアに展開した多国籍軍に対して、「すべての必要な措置」をとることを認めました（それぞれ決議１３８６、１４９７）。二〇一一年のリビア内戦に対するＮＡＴＯの空爆は記憶に新しいところです（決議１９７３）。

安保法制懇は、国連のＰＫＯ及び平和強制（武力行使）活動に対する自衛隊の参加に極めて熱心ですので、二〇〇〇年前後からの代表例を紹介します。

一九九九年には、内戦が続いたシエラレオネに派遣されたＰＫＯ部隊に対して、市民を保護するために「必要な行動をとる」ことを承認し、自衛のためにのみ武力行使が認められていた従来型のＰＫＯから踏みだしました（決議１２７０）。安保理は、コソヴォに展開したＮＡＴＯ中心の部隊に対しても、広範囲にわたる任務を遂行するために「すべての必要な手段」をとることを認めました（決議１２４４）。東チモールに関しては、多国籍軍に対して「必要なすべての措置」を取ることを認めました（決議１２６４）。

二一世紀に入ってからも第42条の平和強制措置が発動される事例がますます増加しています。二〇〇〇年にコンゴ民主共和国に派遣されたＰＫＯの監視団（監視団でありながら、規模は五〇〇〇人以上に拡大）、二〇〇四年にコートジボワール及びブルンジに派遣されたＰＫＦ、二〇〇六年にスーダンに派遣されたＰＫＦに対して、シエラレオネの場合と同様な行動を取ることを承認しました（それぞれ決議

1291、1528、1545、1706)。

このように安保理は、ケースに応じて多国籍軍方式とPKO方式とを使い分ける対応をとってきました。これはアメリカの政策を色濃く反映しています(→I、Q4)。

Key point《キーポイント》

●安保理の平和強制行動は内戦まで及んでいるが、多くの国際法学者は、憲章において明確に授権されていない分野に安保理がかかわることについては正統性が欠ける、という立場である。

●一九九九年にシエラレオネに派遣されたPKO部隊は、市民を保護するために「必要な行動をとる」ことが承認され、自衛のみ武力行使が認められていた従来型のPKOから踏みだした。

●安保理は、コソヴォ、東チモールで展開したNATO中心の部隊にも「すべての必要な手段」をとることを認めた。平和強制措置の発動は増加し、コンゴ民主共和国に派遣されたPKOの監視団、コートジボワール及びブルンジに派遣されたPKF、スーダンに派遣されたPKFなどがあげられる。

●安保理は兵力を提供する国々に対して強制措置に参加することを義務づけることはできない。したがって多国籍軍方式はついては、第42条に基づく国際的強制行動ではなく、集団的自衛権行使を裏書きしているにすぎないという厳しい批判、あるいは「集団安全保障の私物化」という指摘がある。

〈国連の集団安全保障体制の問題点〉

ごく大雑把にこれまでのPKO及び平和強制の具体例を紹介しましたが、これらの活動に対しては様々な問題点が指摘されています。その主なポイントをまとめて紹介します。

まず、ＰＫＯとしてもっともふさわしい形は何かということです。ＰＫＯはいわばなし崩しにＰＫＯ（自衛のため以外には武力行使しない）から、武力行使を伴う平和強制活動に足を踏み入れてきましたが、その点について国際的なコンセンサスが得られたというにはほど遠い状況にあります。

また、ＰＫＯと並んで多国籍軍方式も既成事実が積み重ねられてきましたが、多国籍軍は集団的自衛権に基づくものであり、国連の集団安全保障体制の基本的な考え方とは異なります。国連の集団安全保障体制のあり方については、ＰＫＯ方式についても多国籍軍方式についても問題が多いというのが実情です。

次の問題は、米ソ冷戦終結後の安保理があまりに活動範囲を広げているのではないかということです。確かに憲章上の明文による制約条件はないのですが、安保理の活動は正統性を欠いている、あるいは授権されている範囲を越えて活動しているという厳しい批判が提起されています。

たとえば、二〇〇五年の安保理サミットに向けて、国連事務総長によって設置された国連高級パネルは、集団安全保障体制のあるべき形について勧告を行いました。その勧告においては、安保理決議が認める武力行使は、５つの基準を満たす場合に限るようにするべきだと提起しました。５つの基準とは、深刻な脅威の存在、適切な目的が設定されること、最終手段であること、手段が相対的（proportional）であること、武力行使によって（何もしないことよりも）よい結果が得られるという見こみがあることの5つです。

この勧告は安保理サミットで採用されず、日の目を見ませんでした。しかし、安保理の活動が今のまま（すなわちアメリカ以下の大国の意向如何で左右され、客観的基準に則していない）でよいということではありません。安保理の組織改革の問題とともに、今後も議論されるべき重要なポイントです。

もう一つの問題は、とくに多国籍軍や有志連合軍の方式をとる場合の安保理の関与のあり方です。安保理は多国籍軍・有志連合軍に対して武力行使を行う権限を与えますが、いったん権限を与えた後に、その行動を有効にチェックし、コントロールすることができないという問題です。

近年の安保理決議では、多国籍軍・有志連合軍にその活動について報告を求める、その活動に期限を設けるなどの工夫が行われるようになりました。しかし、集団的自衛権に基づいて組織される多国籍軍や有志連合軍に対する安保理の監督権限が非常に弱いという点には、相変わらず強い批判が提起されています。

もう一つ、以上の問題と関連する問題は、安保理と憲章第8章に基づく地域的機関との関係です。これは、安保理が地域的機関（ＮＡＴＯ、アフリカ連合など）が組織する軍隊に、平和強制活動の権限を与える事例が増えるに伴って現実の問題となってきました。問題の内容は多国籍軍等と共通します。

さらにまた、いわゆる人道的介入という問題も安保理にとってきわめてやっかいなテーマです。この本ではこの問題にくわしく立ちいる余裕はありませんが、国際の平和と安全を守ることを任務とする安保理が人道的問題に対してどのようにかかわるのかという問題は、コソヴォ、ルワンダその他のケースで現実に問われましたし、国際的に様々な立場からの議論が闘わされています。

このように、国連の集団安全保障体制に関しては様々な問題点が提起され、議論されています。日本国内では、「国連＝正義の味方」という受けとめ方が今日でもなお支配的で、ともすると国連主体の軍事活動であれば積極的に参加するべきだ（参加するのもやむをえない）という受けとめ方が広がりやすい土壌があります（後で述べるように、安保法制懇はその先頭に立っています）が、国連の集団安全保障体制については冷静な議論と判断が求められていると思います。

III

日本国憲法と集団的自衛権

Q1 憲法第九条と自衛権・自衛隊は矛盾しないの？

◆第九条には自衛権のことは何も書いてないよね？
◆憲法制定当時の政府が「自衛権の行使は戦争であり、憲法違反である」としていたのは本当？
◆国を守るためには自衛隊は必要でしょ？　九条はそこまでいけないと言っていないんじゃないの？

A

「集団的自衛権の行使は憲法第九条違反であるかないか」という問題は、戦後の歴代政府が繰り返して行ってきた第九条に関する解釈改憲の流れの延長線上にあり、解釈改憲を積み重ねたその最後に残されたポイントであるということができます。したがって、この問題を考え、判断するためには、第九条に関して戦後行われてきた憲法解釈の歴史をふり返ることは、面倒かもしれませんが避けて通れないことです。

順序としては、まず、集団的自衛権を扱う前提となる自衛権と憲法とのかかわりについて整理します（Q１）。そのうえで集団的自衛権と憲法の関係について見ることにします（Q２）。その二つについて考えた後に、日米安保体制・日米同盟についておさらいをします（Q３）。そして最後に、集団的自衛権の問題が日本にとってどういう意味をもつ問題であるのかを考えることにします（Q４）。

自衛権の問題としては二つのポイントがあります。一つは自衛権とはそもそも何かという問題です。この点についてはすでにお話ししました（→Ⅱ、Q１）。もう一つの問題は、憲法第九条と自衛権との関係です。ここではそのことについてお話しします。憲法第九条は次のように定めます。

第九条　日本国民は、正義と秩序を基調とする国際平和を誠実に希求し、国権の発動たる戦争と、武力による威嚇又は武力の行使は、国際紛争を解決する手段としては、永久にこれを放棄する。

二　前項の目的を達するため、陸海空軍その他の戦力は、これを保持しない。国の交戦権は、これを認めない。

この規定には「自衛権」という言葉が顔を出していないことが直ちに確認されます。そこで、第九条と自衛権との関係をどのように理解するのかが、まず問題になります。ただし、この本は第九条のどのような理解が正しいのかということを正面から考えるのではなく、歴代政府がどのように理解し、解釈してきたかに注目することをあらかじめお断りしておきます。第九条に関するこれまでの政府側の発言をふり返ってみますと、はじめから今までずっと一貫した解釈が行われているということではなく、その時々のアメリカの対日要求に応じて解釈を変えてきたことを確認することができます。

日本国憲法について審議した一九四六年六月二六日の議会（衆議院帝国憲法改正本会議）で、吉田茂首相は、「（第九条は）直接には自衛権を否定していないが、自衛権の発動としての戦争を放棄した」として、次のように答弁しました。

「自衛権についてのお尋ねであります。戦争放棄に関する本案の規定は、直接には自衛権を否定しておりませぬが、第九条第二項において一切の軍備と国の交戦権を認めない結果、自衛権の発動としての戦争も、また交戦権も放棄したものであります。従来近年の戦争は多く自衛権の名において戦われたのであります。満州事変然り、大東亜戦争また然りであります。（中略）

故にわが国においてはいかなる名義を以てしても交戦権はまず第一自ら進んで放棄する、放棄することによって全世界の平和の確立の基礎をなす、全世界の平和愛好国の先頭に立って、世界の平和確立に貢献する決意をまずこの憲法において表明したいと思うのであります」（傍点は浅井。以下同じ）

吉田首相は、二日後（同年六月二八日）に同じ議会でさらに踏みこんで、「国家正当防衛権（つまり自衛権）を認めること自身が有害」であるとして、次のように発言しています。

「戦争放棄に関する憲法草案の条項におきまして、国家正当防衛権による戦争は正当なりとせらるるようでありますが、私はかくのごときことを認むることが有害であると思うのであります。近年の戦争は多くは国家防衛権の名において行われたることは顕著なる事実であります。故に正当防衛を認むることがたまたま戦争を誘発する所以であると思うのであります。（中略）

しかしながら正当防衛による戦争がもしありとするならば、その前提において侵略を目的とする戦争を目的とした国があることを前提としなければならぬのであります。故に正当防衛、国家の防衛権による戦争を認むるということは、たまたま戦争を誘発する有害な考えであるのみならず、もし平和団体が、国際団体が樹立された場合におきましては、正当防衛権を認むるということそれ自身が有害であると思うのであります」

吉田首相の以上の発言は、日本が受け入れたポツダム宣言の降伏条件を理解していたことを示すものです。また、第九条のもとになったとされるいわゆるマッカーサー3原則（一九四六年二月三日）に明らかなとおり、一九四六年当時のアメリカは、ポツダム宣言に基づく対日占領政策を行う構えでした。したがって、第九条は自衛権そのものを認めていないというのが、当初の政府の憲法解釈であったことを確認できます。ちなみにポツダム宣言が示した日本の降伏条件のくだりは次のとおりです（読みにくいのでひらがな表記にして、句読点をつけてあります）。

五、吾等《われら》の条件は左の如《ごと》し。吾等は右条件より離脱することなかるべし。右に代《かわ》る条件存在せず。吾等は遅延を認むるを得ず。

六、吾等は、無責任なる軍国主義が世界より駆逐せらるるに至る迄《まで》は、平和、安全及び正義の新秩序が生じ得ざることを主張するものなるを以て、日本国国民を欺瞞《ぎまん》し、之《これ》をして世界征服の挙に出づるの過誤を犯さしめたる者の権力及び勢力は永久に除去せられざるべからず。

七、右の如き新秩序が建設せられ且《か》つ日本国の戦争遂行能力が破砕せられたることの確証あるに至る迄は、聯合国《れんごうこく》の指定すべき日本国領域内の諸地点は吾等の茲《ここ》に指示する基本的目的の達成を確保するため占領せらるべし。

八、「カイロ」宣言の条項は履行《りこう》せらるべく、又日本国の主権は本州、北海道、九州及び四国並びに吾等の決定する諸小島に局限せらるべし。

九、日本国軍隊は完全に武装を解除せられたる後、各自の家庭に復帰し、平和的且つ生産的の生活を営むの機会を得しめらるべし。

十、吾等は、日本人を民族として奴隷化せんとし又は国民として滅亡せしめんとするの意図を有するものに非ざるも、吾等の俘虜《ふりょ》を虐待せる者を含む一切の戦争犯罪人に対しては厳重なる処罰加えらるべし。日本国政府は、日本国国民の間に於ける民主主義的傾向の復活強化に対する一切の障礙《しょうがい》を除去すべし。言論、宗教及び思想の自由並びに基本的人権の尊重は確立せらるべし。

十一、日本国は、其《そ》の経済を支持し且つ公正なる実物賠償の取立を可能ならしむるが如き産業を維持することを許さるべし。但し、日本国をして戦争の為再軍備を為すことを得しむるが如き産業は此の限りに在らず。右目的の為原料の入手（其の支配とは之を区別す）を許可さるべし。日本国は将来世界貿易関係への参加を許さるべし。

十二、前記諸目的が達成せられ且つ日本国国民の自由に表明せる意思に従い、平和的傾向を有し、且つ責任ある政府が樹立せらるるに於《お》ては、聯合国の占領軍は直ちに日本国より撤収せらるべし。

十三、吾等は、日本国政府が直ちに全日本国軍隊の無条件降伏を宣言し、且つ右行動に於ける同政府の誠意に付き適当且つ充分なる保障を提供せんことを同政府に対し要求す。右以外の日本国の選択は迅《じん》速《そく》且つ完全なる壊滅あるのみとす。

しかし、アメリカの国際情勢認識は一九四七年以後急速に変わっていきました。とくに一九四七年三月にトルーマン大統領が行った演説は、ソ連との全面的対決を明確にしたトルーマン・ドクトリンと言われます。アジアではさらに、中国大陸に共産党政権が成立（一九四九年一〇月）する流れが加わりました。その結果、アメリカの対日政策も一八〇度転換することになりました。

そのことを明確に示したのが一九五〇年元旦にマッカーサーが行った年頭の辞でした。彼は次のように述べたのです。

「この憲法の規定は……相手側から仕掛けてきた攻撃に対する自己防衛の侵しがたい権利を全然否定したものとは絶対に解釈できない。それはまさに銃剣のために身をほろぼした国民が、銃剣によらぬ国際道義と国際正義の終局の勝利を固く信じていることを力強く示したものにほかならない。しかしながら、略奪をこととする国際的な盗賊団が今日のように強欲と暴力で、人間の自由を破壊しようと地上を徘徊している限り、諸君の掲げるこの高い理想も全世界から受け入れられるまでにはなおかなりの時間がかかるものと考えねばならない。」

マッカーサーの上記発言を受けて、吉田首相は速やかに第九条に対する解釈の変更を行いました。同年一月二八日の国会（衆議院本会議）答弁で、吉田首相は、日本に自衛権があるのは明らかだと、次のように述べたのです。

「いやしくも国が独立を回復する以上は、自衛権の存在することは明らかであって、その自衛権が、ただ武力によらざる自衛権を日本は持つということは、これは明瞭であります。然《しか》らば、その内容はいかに。……いかなる状況によって自衛権をどう発動するかということは、……その事情によって、状況によって、自然自衛権の内容も違うことと思います。」

吉田首相は、自衛権の問題を日本の独立回復とかかわらせて発言していますが、このことは、日本の独立回復と日米安全保障条約とがセットで日米間において早くから話し合われていたことを示しています。また、この時点では吉田首相にはまだためらいもあり、「武力によらない自衛権」という言い方をしています。

しかし、そういうためらいにはおかまいなく、一九五〇年六月二五日に朝鮮戦争が勃発すると、マッカーサーは直後の七月八日に、自衛隊の前身となる警察予備隊の創設を命令しました。吉田首相はこの事実を受けて、翌年（一九五一年）二月一六日の国会（衆議院予算委員会）答弁で「自衛力」に踏みこむ発言をします。

「自衛力の定義ははなはだむずかしいのでありますけれども、……日本の安全は日本の手で守る、守る権利があり、また義務がある。それが自衛力である。……また日本国民の自尊心からいってみても、安全保障に対する日本の自衛力を他力本願で考えるようなことがあってはあいならぬのみならず、アメリカの方も、自衛する力があり、意思があり、覚悟のある国に対しては…協力すると言っておる……」

一九五二年四月二八日に対日平和条約と日米安保条約が発効して、日本は独立を回復すると同時に、日米安保体制のもとに入りました。この年の一〇月には、警察予備隊が保安隊に改組されました。政府は同年一一月二五日に参議院予算委員会で「戦力」に関する統一見解を示しました。その主な内容は次のとおりです。

・憲法第九条第二項は、侵略の目的たると自衛の目的たるとを問わず「戦力」の保持を禁止している。
・右にいう「戦力」とは、近代戦争遂行に役立つ程度の装備、編成を備えるものをいう。
・憲法第九条第二項にいう「保持」とは、いうまでもなくわが国が保持の主体たることを示す。米国駐留軍は、わが国を守るために米国の保持する軍隊であるから憲法第九条の関するところではない。
・保安隊及び警備隊は戦力ではない。……その本質は警察上の組織である。……また客観的にこれを見ても保安隊等の装備編成は決して近代戦を有効に遂行し得る程度のものではないから、憲法の「戦力」には該当しない。

しかし、このような憲法解釈は長続きしませんでした。というのは、一九五三年七月（二七日）に朝鮮戦争休戦協定が締結されると、翌一九五四年五月（一日）に日米相互防衛援助協定が結ばれ、日本政府は明確に日米安保条約に基づいて負っている「軍事的義務」を履行する決意を確認し、「自国の防衛能力の増強に必要な」措置をとることを約束し（第八条）、六月（九日）には防衛庁設置法と自衛隊法を成立させたからです。そのため政府（鳩山内閣）は、同年一二月（二一日）の国会（衆議院予算委員会）での法制局長官答弁で、「戦力とは自衛のための必要な限度を超えるものをいう」とする、今日まで続く次のような憲法解釈を示しました。

「国家が自衛権を持っておる以上、国土が外部から侵害される場合に国の安全を守るためにその国土を保全する、そういうための実力を持つということは当然のことでありまして、憲法がそういう意味の、今の自衛隊のごとき、国土保全を任務とし、しかもそのために必要な限度において持つところの自衛力というものを禁止しておるということは当然これは考えられない。すなわち（第九条）第二項においきます陸海空軍その他の戦力は保持しないという意味の戦力にはこれは当たらない……。その限度も、自衛権の国土防衛というもののために必要、相当な限度こういう二つの考え方で行く……。」

ちなみに、攻撃を本質・任務とする航空母艦や爆撃機を持つことができないという政府の立場は、「自衛のための必要な限度を超える実力に当たる」という憲法解釈に基づくものです。ただし政府の解釈において、核兵器はすべてダメとされてはいません。「防衛的なものであれば憲法上禁止されているとは解されない」とされます（一九五七年五月七日の参議院予算委員会における岸信介首相答弁）。

憲法第九条と自衛権との関係に関する政府の立場の変更、すなわち第九条の解釈改憲はここまでで一段落します。その後は海外派兵の問題が焦点となりますが、これは集団的自衛権の問題として次の項で扱うこととします。以上の歴史的経緯を踏まえて確認しておきたいことが少なくとも二点あります。

一つは、憲法制定当時の政府の憲法解釈でも、自衛隊を持つことはもちろん、自衛権すら憲法上認められないという理解だったということです。そういう解釈は、アメリカの対日政策の変更、とくに日本に対する再軍備の要求に直面して変更されたのです。

もう一つは、アメリカの対日要求と国民世論との狭間で苦しんだ日本政府が、窮余《きゅうよ》の一策として編みだしたのが第九条の解釈変更という方法だったということです。アメリカは日本の再軍備を要求する。アメリカの要求を満足させるためには第九条を改正しなければならない。しかし、戦争にコリゴリ感が強い国民は再軍備には強い抵抗があり、第九条を改正することに対する支持を見こめない。この越えがたい矛盾をやり過ごすためには第九条に関する解釈を変更して、政府の立場を正当化する以外の手段はない。こうして解釈改憲の道筋がつくられ、その後常態化していくことになったのです。

Key point《キーポイント》

●集団的自衛権行使の問題は、戦後の歴代政府が繰り返し行ってきた第九条に関する解釈改憲の流れの延長線上にあり、その最後に残されたポイントである。

●憲法第九条に「自衛権」という言葉はないが、一九四六年、吉田茂首相は「（第九条は）直接には自衛権を否定していないが、自衛権の発動としての戦争を放棄した」と答弁。さらに「国家正当防衛権（つまり自衛権）を認めること自身が有害」であるとも発言している。

●吉田首相の発言は、ポツダム宣言の降伏条件を理解し、なおかつ第九条の基になったとされるマッカーサー3原則に明らかである。アメリカは対日占領政策を行う構えだったので、「自衛権そのものを認めていない」というのが当初の政府の憲法解釈であった。

●米ソ対立及び中国大陸に共産党政権が成立して、アメリカの対日政策が転換。吉田首相も第九条解釈の変更を行い、「日本に自衛権があるのは明らかだ」と述べた。

●一九五〇年に朝鮮戦争が勃発すると、マッカーサーは自衛隊の前身となる警察予備隊の創設を命令し、吉田首相は「自衛力」に踏みこむ発言をした。

●一九五二年日本は独立を回復すると同時に、日米安保体制のもとに入り、警察予備隊は保安隊に改組。一九五四年に日米相互防衛援助協定が結ばれ、防衛庁設置法と自衛隊法が成立し、「戦力とは自衛のための必要な限度を超えるものをいう」とする、今日まで続く憲法解釈を示した。

●航空母艦や爆撃機を持つことができないという政府の立場は、「自衛のための必要な限度を超える実力に当たる」という憲法解釈に基づく。ただし政府の解釈において、核兵器はすべてダメとされてはいない。

Q2 「集団的自衛権の行使」や「国連の集団安全保障体制への軍事的参加」は憲法違反なの？

◆「集団的自衛権の行使」や「国連の集団安全保障体制への軍事的参加」はいけないと、憲法に書かれていないよね？
◆法制局は「集団的自衛権の行使」や「国連の集団安全保障体制への軍事的参加」は憲法違反としているらしいけど、それはどういう理屈なの？
◆「集団的自衛権の行使を認めるべきだ。そのためには第九条の解釈を変更するべきだ」と言う人もいるようだけど、そっちの理屈はどうなっているの？
◆憲法の解釈を変えるというけど、そんなに簡単にできることなの？

A

〈政府の憲法（第九条）解釈の歩み〉

戦後の歴代政権は、「集団的自衛権の行使は憲法違反である」という立場で一貫してきました。また、国連の平和維持活動（ＰＫＯ）、さらには集団安全保障体制への軍事的な参加も、武力行使を伴う活動については憲法違反になる、としてきました。

この問題は一九五〇年代以後、アメリカ軍の「武力行使との一体化」という形でまず取りあげられました。一九九〇年代に入ってからは、自衛隊の海外派兵という議論の中で、自衛隊による「武力行使」そのものが問題とされました。二〇〇〇年代に入って、いわゆる対テロ戦争における自衛隊のイラク派遣にかかわって「戦闘地域と非戦闘地域」という問題として議論され、そこで再び「武力行使との一体化」という点に焦点が当てられました。

このようにずらずら並べたてても、何が何だかわからないと感じる人がほとんどでしょう。

しかし、これらの議論はすべて、「集団的自衛権行使は違憲」とする政府の憲法解釈のもとで、しかし自衛隊がアメリカ軍と協力できる可能性を広げたい（というより、そういうアメリカの期待や要求をむげに断れない）という立場の政府（内閣法制局）が行ってきた、涙ぐましい（？）努力の足取りです。ですから、集団的自衛権行使は憲法違反かどうかという問題を考えるためには、まずはその中身を踏まえ、理解しておく必要があるのです。

一九五一年九月（八日）に締結され、日本が独立を回復した翌一九五二年四月（二八日）に発効した旧日米安保条約は、現在の日米安保条約と同じように、国連憲章が認める個別的及び集団的自衛権を確認しています。しかし日本政府は、憲法第九条は集団的自衛権の行使を認めておらず、この条約は日本の独立を守るための（個別的な）自衛権に基づくもの（ただし、アメリカは集団的自衛権に基づいて条約を結んだ）、とする立場を一貫してとってきました。

この政府の立場に対しては、アメリカ軍に対する基地の提供、在日アメリカ軍を守るための自衛隊の行動、アメリカ軍に対する自衛隊による補給活動などは、集団的自衛権の行使に当たるのではないかとする疑問が早くから出されてきました。つまり、自衛隊がアメリカ軍と一緒になって作戦行動することは考えられないとしても、アメリカ軍に協力（いわゆる後方支援）すること自体が集団的自衛権の行使に当たる場合があるのではないかという問題です。

ちなみに、日本政府が「後方支援」あるいは「後方地域支援」と名づける自衛隊の活動のほとんどは、軍事的には「兵站《へいたん》」（英語：logistics）活動と類分けされるものです。兵站なしの戦争はありえません（とくに現代戦争では兵站が決定的な役割を果たします）から、国際的には、兵站活動は正真正銘の集団的自衛権の行使の一部と位置づけられています。

また、そうであるがゆえにこそ、日本政府はことさら「後方支援」という言葉を作って、自衛隊が行う活動は「兵站」ではない、集団的自衛権の行使には当たらないと言うわけです。しかし「後方支援」の英訳は「logistic support」あるいは「logistics」ですから、「頭隠して尻隠さず」の嫌いなしとも言えません。

元に戻ります。一九五九年三月（一九日）の国会審議（参議院予算委員会）で、「自衛隊…が補給業務で米軍に…極東の安全、あるいは平和維持のために…協力する。ここは非常に違憲の疑いがあるデリケートな問題であると思いますが、その点についての憲法解釈を伺いたい」という質問がありました。

これに対して政府は、「極東の平和と安全のために出動する米軍と一体をなすような行動をして補給業務をすることは、これは憲法上違法ではないかと思います」という答弁（法制局長官）を行いました。

この中で「米軍と一体をなすような行動」と述べたことがその後、「武力行使との一体化」という形で扱われることになったのです。

次に、自衛のための実力組織である自衛隊を海外に派遣することができるかという海外派兵の問題に関しては、よく紹介されるのが「自衛隊の海外派兵・日米安保条約等の問題に関する質問主意書」（一九八〇年一〇月七日付）及びそれに対する政府の答弁書（同年一〇月二八日付）です。

質問は、「国連憲章第51条に規定する自衛権と、我が国憲法が認める自衛権との関連」、「我が国憲法・国内法でいう自衛権の限界の範囲及びその基準」、「自衛隊の海外派兵・海外派遣をどのように定義づけるのか。また、我が国憲法・国内法（とくに自衛隊法）においてそれら（自衛隊の海外派兵・海外派遣）は認められているのか」、「国連軍への参加基準」などについての政府の回答を求めました。

政府答弁書は次のように回答しました。

国連憲章上の自衛権と憲法上の自衛権との関係／「国連憲章第51条は、国家が個別的又は集団的自衛の権利を有することを認めている。しかし、我が国が集団的自衛権を行使することは憲法の認めているところではないというのが従来からの政府の考え方である。」

憲法でいう自衛権の限界・基準／「我が国の自衛権の行使は、我が国を防衛するため必要最小限度の範囲にとどまるべきものであると解している。したがって、たとえば集団的自衛権の行使は、その範囲を超えるものであって憲法上許されないと考えている。」

海外派兵・海外派遣／「従来、『いわゆる海外派兵とは、一般的にいえば、武力行使の目的をもって武装した部隊を他国の領土、領海、領空に派遣することである』と定義づけて説明されているが、このような海外派兵は、一般に自衛のための必要最小限度を超えるものであって、憲法上許されないと考えている。…これに対し、いわゆる海外派遣については、従来これを定義づけたことはないが、武力行使の目的をもたないで部隊を他国へ派遣することは、憲法上許されないわけではないと考えている。」

国連軍への参加基準／「いわゆる『国連軍』は、個々の事例によりその目的・任務が異なるので、それへの参加の可否を一律に論ずることはできないが、当該『国連軍』の目的・任務が武力行使を伴うものであれば、自衛隊がこれに参加することは憲法上許されないと考えている。これに対し、当該『国連軍』の目的・任務が武力行使を伴わないものであれば、自衛隊がこれに参加することは憲法上許されないわけではない…。」

この政府答弁書では集団的自衛権とは何を意味するのかについて触れていませんでした。「憲法、国際法と集団的自衛権」に関する質問主意書（一九八一年四月二二日付）がこの点を質問したのに対して、政府答弁書（同年五月二九日付）は、次のように答えました。

「国際法上、国家は、集団的自衛権、すなわち、自国と密接な関係にある外国に対する武力攻撃を、自国が直接攻撃されていないにもかかわらず、実力をもって阻止する権利を有しているものとされている。我が国が、国際法上、このような集団的自衛権を有していることは、主権国家である以上、当然であるが、憲法第九条の下において許容されている自衛権の行使は、我が国を防衛するため必要最小限度の範囲にとどまるべきものであると解しており、集団的自衛権を行使することは、その範囲を超えるものであって、憲法上許されないと考えている」

集団的自衛権の行使は憲法上認められないとする点について、政府は、憲法の平和主義を踏まえて違憲だとする説明も行ったことがあります。少し長いですが紹介します。

「平和主義をその基本原則とする憲法が、自衛のための措置を無制限に認めているとは解されないのであって、それは、あくまでも他国の武力攻撃によって国民の生命、自由及び幸福追求の権利が根底からくつがえされるという急迫、不正の事態に対処し、国民のこれらの権利を守るための止むを得ない措置として、はじめて容認されるものであるから、その措置は、右の事態を排除するためとられるべき必要最小限度の範囲にとどまるべきものである。そうだとすれば、我が憲法の下で、武力行使を行うことが許されるのは、わが国に対する急迫、不正の侵害に対処する場合に限られるのであって、したがって、他国に加えられた武力攻撃を阻止することをその内容とするいわゆる集団的自衛権の行使は、憲法上許されないといわざるを得ない」（一九七二年一〇月一四日に参議院決算委員会提出資料）

要するに、憲法の平和主義に基づく限り、自衛権の行使については厳しい限界があり、自衛ではなく他衛を本質とする集団的自衛権行使は認められないとしたのです。

ちなみに、政府の答弁・説明について確認しておきたいことが二点あります。

一つは、一九七二年の説明が「他国の武力攻撃……という急迫、不正の事態」と述べていることです。自衛権の中身については、国連憲章第51条と慣習国際法との間で出入りがあることをお話ししました。お話ししたもっとも重要なポイントの一つは、自衛権行使の3要件の第一である「切迫性」の原則についての第51条と慣習国際法との間の出入り（「武力攻撃」と「急迫不正の侵害」）に関するものでした（→Ⅱ、Q1）。以上の政府の答弁では、明確に「急迫不正の侵害＝武力攻撃」としています。この解釈によれば、第51条と慣習国際法との間の出入りが埋められることになります。この問題は、後で触れる「敵基地攻撃（先制自衛）」の問題を考える際に極めて重要ですので、この政府答弁のことを記憶に留めておいてください。

もう一つは、一九八〇年の答弁書においては集団的自衛権の問題と対国連協力（集団安全保障体制への参加協力）の問題とが同じレベルで取りあげられていることです。すぐ後に述べますように、「自衛権の行使は、我が国を防衛するため必要最小限度の範囲にとどまるべきものである」という政府の認識・立場からすれば、集団的自衛権を行使することも、国連の武力行使を伴う集団安全保障体制に参加することも、自衛権行使の範囲を超えるからできないということです。

本論に戻ります。以上の政府の憲法解釈の根っこにあるのは、憲法第九条のもとにおいて許容されている自衛権の行使は、我が国を防衛するため必要最小限度の範囲にとどまるべきものであるという認識です。ですから、日本は国際法（国連憲章）上の権利としては集団的自衛権を持っているけれども、その権利を行使すること、すなわち、「自国と密接な関係にある外国に対する武力攻撃を、自国が直接攻撃されていないにもかかわらず、実力をもって阻止する」ことは「わが国を防衛するための必要最小限度の範囲」を超えるものであり、したがって憲法違反となるからできないというのです。

ちなみにこの憲法解釈は、海外派兵という行動についても当てはまることは当然です。「武力行使の目的をもって武装した部隊を他国の領土、領海、領空に派遣すること」を意味する「海外派兵」は、「自衛のための必要最小限度を超えるもの」であり、したがって憲法違反として許されないというわけです。

ただし以上の答弁には、その後の政府の憲法解釈の拡大につながるポイントが含まれています。それは、「目的・任務が武力行使を伴わないものであれば、自衛隊がこれに参加することは憲法上許されないわけではない」としている点です。「武力行使を伴わない目的・任務のもの」であれば、「わが国を防衛するための必要最小限度の範囲」を超えないのだから憲法違反にはならない、となるという理屈です。「武力行使を目的とするもの」は憲法違反として許されない「海外派兵」、「武力行使を目的としないもの」は憲法上認められる「海外派遣」として区別する政府の憲法解釈がこうして引きだされます。

湾岸戦争が終わった直後に、海上自衛隊の掃海艇がペルシャ湾に派遣されて機雷除去の活動を行ったことを記憶しておられる方もいるでしょう。これは、湾岸戦争に際してアメリカからの「血を流せ」という要求に応えられなかった政府が決断した、初めての自衛隊の海外派遣でした。

そしてこの掃海艇を派遣することを正当化する理由づけとして、掃海艇派遣に関する一九九一年四月(二四日)の政府の決定(閣議決定)は次のように述べて、憲法違反に当たらない海外派遣と主張しました。

「正式停戦が成立し、湾岸に平和が回復した状況の下で、わが国船舶の航行の安全を確保するため、海上に遺棄されたと認められる機雷を除去するものであり、武力行使の目的をもつものではなく、これは、憲法の禁止する海外派兵に当たるものではない。」

掃海艇派遣はあくまでも一回限りのことでしたが、政府は自衛隊の海外派遣を継続的に行いうるようにするため、一九九二年六月(九日)に、「国際連合平和維持活動等に対する協力に関する法律」(いわゆるPKO法)を作りました。そしてこの法律でも同じ理由づけが使われました。すなわち、「国際平和協力業務の実施等は、武力による威嚇又は武力の行使に当たるものであってはならない」(第2条1)と定めることで、自衛隊の活動は憲法違反の海外派兵ではなく、憲法で許される海外派遣だとしたのです。

しかし、国連関係の活動だけではアメリカの要求に直接応えるものとはなりません。二〇〇一年の九・一一事件後にアメリカが対テロ戦争に訴えたとき、政府は、一九九〇年~九一年の湾岸戦争の時の苦い経験(→I、Q3)を繰り返さないために、自衛隊をイラクに派遣することに全力を傾けました。

そのための法律的根拠として二〇〇一年一一月(二日)に作られたのが、「平成一三年九月一一日のアメリカ合衆国において発生したテロリストによる攻撃等に対応して行われる国際連合憲章の目的達成のための諸外国の活動に対して我が国が実施する措置及び関連する国際連合決議等に基づく人道的措置に関する特別措置法」(いわゆる対テロ特措法)です。

この法律の目的は、アメリカの対テロ戦争に自衛隊を派遣して協力するということです。しかし、自衛隊が行う活動(「協力支援活動、捜索救助活動、被災民救援活動その他の必要な措置(対応措置)」の実施)は「武力による威嚇又は武力の行使に当たるものであってはならない」(第2条2)として、PKO法の時と同じ規定を置いています。

ところが、対テロ特措法とPKO法との間にはとてつもなく大きな溝が横たわっていました。それは、自衛隊の派遣されるイラクが戦争のさなかにあったということです。自衛隊が協力する相手であるアメリカ軍(多国籍軍)は正にイラク軍と戦うためにいるわけです。

すでに紹介したとおり、一九八〇年の政府の答弁書では、「『国連軍』の目的・任務が武力行使を伴うものであれば、自衛隊がこれに参加することは憲法上許されない」と言っていました。「国連軍」を「アメリカ軍」に置き換えれば、自衛隊がこれに参加することは憲法違反になることは明らかです。

自衛隊の派遣を何としても実現するため、政府(内閣法制局)が駆使したのは「戦闘地域か非戦闘地域か」及び「武力行使と一体化するかしないか」という判断基準でした。

「非戦闘地域」とは、「現に戦闘行為(国際的な武力紛争の一環として行われる人を殺傷し又は物を破壊する行為)が行われておらず、かつ、そこで実施される活動の期間を通じて戦闘行為が行われることがないと認められる地域」(第2条3)とされます。要するに、自衛隊が派遣されるのは非戦闘地域であり、アメリカ軍が行う「武力行使を目的とする活動」とは一線を画する地域でのみ活動するのだから、憲法違反に当たらないという理屈です。

しかし、現地の戦況は流動的です。非戦闘地域はいつ何時戦闘地域になるかはわかったものではありません。またそもそも、戦闘地域かどうかは、「その戦闘を行っている諸外国の軍隊等に対して行われるわが国の自衛隊の協力支援活動が当該戦闘行動と一体化するものとして評価されるかどうか」(二〇〇一年一〇月一六日の法制局長官答弁）にあり、日本政府が勝手に決められる話ではありません。つまり、戦闘地域に該当するかどうかの判断に当たっては、「結果の発生地だけではなく、戦闘行為を総合的に捉える必要がある」(同）わけです。

最終的には、小泉首相が次のように発言して切り抜けました。

「(自衛隊が実施する）活動の期間を通じて戦闘行為が行われることがないと認められるかどうかを総合的に分析して、その時点で支援協力活動を開始、または継続する可能性を慎重に判断してまいりたい」(二〇〇一年一〇月一九日)。

このように、「戦闘地域」か「非戦闘地域」かの問題もつまるところは「武力行使と一体化するかどうか」がカギとなるというのが政府の立場です。すでに述べたように、この問題は一九五九年以来しばしば取りあげられてきた問題でした。政府が行ったのは、アメリカが行っている武力行使と一体のものと見なされる（つまり、日本自身が武力行使に参加していると見なされる）ことはできないが、一体と見なされない（日本が武力行使に参加していないと見なされる）ことはできるという主張でした。

わかりやすい例として、アメリカの第七艦隊が台湾有事で台湾海峡に出動し、海上自衛隊が第七艦隊に補給と輸送を行うことが求められるケースを考えてみます。その場合、戦闘が行われている地域で補給、輸送を行うことは、アメリカの軍事行動と一体化すると見なされるのでできない、しかし、戦闘地域以外

（たとえば日本近海）で補給、給油することは一体化するとは見なされないからできる、というのです。

以上はわかりやすい例としてあげたのですが、政府は、「武力行使との一体化」を判断する基準は地理的関係だけで決まるものではない、という立場であることは確認しておく必要があります。地理的な要因のほか、自衛隊が行う活動の具体的な内容、武力行使を行っているアメリカ軍との関係の密接さ、協力しようとするアメリカ軍がどのような活動を行っているかなど、四つの事情を総合的に判断して、アメリカ軍の武力行使と一体化している、つまり自衛隊も武力行使していると判断を受ける場合には集団的自衛権の行使に当たる、としています（一九九〇年五月二一日の参議院内閣委員会における法制局長官答弁）。

「武力行使との一体化」が集団的自衛権の行使に当たるかどうかという問題は、一九九〇年代初めまではいわば理論的な問題でした。しかし、一九九六年の日米安保共同宣言及び一九九八年のガイドライン見直し合意で、日米が共同対処する対象が「周辺事態」に拡大し、自衛隊がアメリカ軍の作戦（武力行使）に対して本格的な後方支援活動を行うことが組みこまれるに至って、一気に現実の問題となりました。

一九九六年の日米安保共同宣言は、安保の「再定義」を行いました。「再定義」というのは具体的に四つの点で日米安保条約の中身を拡大したということです。日米安保条約の実質的改定（つまり、正式に条約の改定を行うのではなく、共同宣言という日米首脳間の政治的合意で安保の内容を実質的に変えた）と言われる所以です。

四つの点での中身拡大とは具体的には次のとおりです。一つは、もともとの安保条約が対象としていたのは「日本以外の極東」ですが、「日本周辺地域において発生しうる事態」（後に「周辺事態」と言い表されることになりました）として広げたことです。二つ目は、有事だけではなく平時の事態にも対応することにしたことです。三つ目は、日本の「安全」としていたのを「日本の平和と安全」とすることで、直接日本の安全に影響がある場合だけではなく、どんな状況・場合でも日米軍事協力を発動できるようにしたことです。そして四つ目は、それまで日本がアメリカに一方的に行う「便宜供与」としていたことを一気に「日米間の協力」としたことです。

以上の四つをまとめた安保共同宣言及びガイドラインの見直しの最大の狙いは、日米安保条約をアメリカが推し進める軍事戦略に即したもの、つまりＮＡＴＯ並みの「何でもできる日米同盟」に作り替えることにあったのです（→Ⅰ、Ｑ４）。

このような全面的対米軍事協力を行うためには、集団的自衛権の行使に踏みこむしかありません。すなわち、「周辺事態」まで考えて全面的な対米軍事協力を全うするためには、「集団的自衛権の行使は憲法上許されない」という従来の説明を乗りこえなければならない。しかし、政府が行ってきたこの説明は政府としてもギリギリの「合憲解釈」で、これ以上は拡大しようがない。

そういう苦しい状況の中で、政府（内閣法制局）が考えたのは、「武力行使との一体化」の中身をさらに細かく吟味して、「憲法違反というほかない領域」と、「ギリギリ合憲の範囲内と主張しうる領域」とに区分けするということでした。つまり、「武力行使と一体化する対米軍作戦支援活動」と、「武力行使と一体化しない対米作戦支援活動」とに区別するということです。

政府は、二〇〇一年の九・一一事件を受けてアメリカが対テロ戦争を発動したとき、とにかく湾岸危機・戦争の時の苦い経験を繰り返さないという立場で動きました。イラクで戦っているアメリカ軍（多国籍軍）に加えられた武力攻撃を阻止するために、自衛隊が武力行使を行うことは集団的自衛権の行使に当たるからできない。しかし、アメリカが攻撃を受けているのに日本が何もしないことは、アメリカから許されるはずがない。そんなことでは、何のためにイラクにいるのかと詰問されることになる。

では、集団的自衛権の行使には当たらない範囲で何ができるのか。できることとできないこととの境界は何か。頭の整理としては、「武力行使と一体化する対米軍作戦支援活動」と、「武力行使と一体化しない対米軍作戦支援活動」とに区別するということですむかもしれない。しかし、現実の生々しい個別の事態に直面したときには、そんなにすんなりと区分することは不可能である。

対テロ特措法を審議した国会論戦の中で、小泉首相は「武力行使と一体化の議論を始めますと、それは延々とキリがない部分があります」(二〇〇一年一〇月一二日)と発言しました。そして、「我々は、物資の輸送、武器でも弾薬でも武力行使に入らないと解釈しているわけです」(同)とするように、武力行使はしないのだからいいのだ、の一点ばりでした。

憲法と集団的自衛権とにかかわる政府の立場をかいつまんで整理してきました。しかし、対テロ特措法を審議した国会の論戦は、政府の憲法解釈がいよいよ破綻したことを明らかにするものでした。

そのことは、小泉首相自身の次の発言から確かめることができます。

「(自衛隊は)常識的に考えれば戦力でしょう。ところが、定義、法的定義によって戦力じゃないと定義しているんです、日本では。これが、世界の常識に合わせろというと、常識的でない面もあるんですよ(中略)…。そこが憲法解釈に幅がある、すき間があると言っているゆえんなんですよ」(二〇〇一年一〇月一六日)。

「一般国民から考えれば、自衛隊は戦力だと思っているでしょう。しかし、憲法上の規定では戦力じゃないんですよ。ここが日本憲法の難しさ。(中略)…今まで総理大臣はこういう答弁しなかったんですよ。建前ばかりに終始して。そういう建前じゃいけない、本音で議論しようと、本音で。(中略)…私は、そういう意味において、国民の常識と違うじゃないかと言うから、憲法そのものも国際常識と合わないところあるんですよ」(同年一〇月二三日)。

「集団的自衛権の行使を認めるのだったらば憲法を改正した方がいいと。今、状況を考えて、憲法を改正するような状況じゃないんですよ。その中でいろいろ知恵を出して、憲法の前文と憲法九条の間のすき間、あいまいな点があるところを、どうやって(中略)…日本ができることをやろうかということを考えている。確かにあいまいさは認めますよ、あいまいさ。すっきりした、明確な、法律的な一貫性、明確さを問われれば、答弁に窮しちゃいますよ」(同年一〇月五日)。

「基地を提供するだけでもう武力行使一体と見る国もあるでしょう。それは私、否定しませんよ。(中略)…しかし、日本としては、武力行使はしない、戦闘行為には参加しない、(中略)…そういうことで判断している」(同年一〇月一一日)。

小泉政権で内閣副官房長官を務めた安倍晋三氏は、このような小泉首相の発言を聞きながら、憲法(第九条)と集団的自衛権との間の矛盾を痛切に感じ、集団的自衛権行使を合憲とする憲法改正、あるいは最低限でも「集団的自衛権行使は憲法違反」とする政府の憲法解釈を変えなければならないという思いを強めていたのではないでしょうか。

首相になった安倍晋三氏にとり、憲法改正を最終目標としつつ、世論が必ずしも好意的ではないもとで、まずは第九条の解釈改憲によって集団的自衛権の行使を実現することは、政治生命をかけた歴史的使命という位置づけでしょう。日米安保条約改定を成し遂げた岸信介氏(母方の祖父)に、第九条解釈改憲を成し遂げる自らの姿をダブらせる安倍晋三氏がいるのではないでしょうか。

Key point《キーポイント》

●戦後の歴代政権は、「集団的自衛権の行使は憲法違反である」という立場で一貫してきたが、一九九〇年代に入って自衛隊の海外派兵という議論の中で、自衛隊による「武力行使」そのものが問題となった。二〇〇〇年代に入って、自衛隊のイラク派遣にかかわって「戦闘地域と非戦闘地域」という問題として議論され、「武力行使との一体化」という点に焦点が当てられた。

●日米安保条約は、国連憲章が認める個別的及び集団的自衛権を確認しているが、日本政府は、憲法（第九条）は集団的自衛権の行使を認めておらず、この条約は日本の独立を守るための（個別的な）自衛権の発動とする立場を一貫して取ってきた。

●アメリカ軍に対する基地の提供、在日アメリカ軍を守るための自衛隊の行動、アメリカ軍に対する自衛隊による補給活動などが、集団的自衛権の行使に当たるのではないかとする疑問が早くから出された。

●自衛隊の海外派遣について、「海外派兵とは、武力行使の目的をもって武装した部隊を他国の領土、領海、領空に派遣することであると定義づけられており、このような海外派兵は自衛のための必要最小限度を超えるものであって憲法上許されない。これに対し、海外派遣については、武力行使の目的をもたないで部隊を他国へ派遣することは、憲法上許されないわけではないと考えている」と政府は答弁した。

●国連軍への参加基準については、「国連軍の目的・任務が武力行使を伴うものであれば、自衛隊が参加することは憲法上許されないと考えている。これに対し、国連軍の目的・任務が武力行使を伴わないものであれば、自衛隊が参加することは憲法上許されないわけではない」と答弁している。

●政府は、「武力行使を伴わない目的・任務のもの」であれば、「わが国を防衛するための必要最小限度の範囲」を超えることはないのだから憲法違反にはならない、という理屈で、「武力行使を目的としないもの」は憲法上認められる「海外派遣」であるという憲法解釈を行ってきた。

●一九九二年のPKO法でも、「国際平和協力業務の実施等は、武力による威嚇又は武力の行使に当たるものであってはならない」（第2条1）とし、自衛隊の活動は憲法で許される海外派遣だとした。

●二〇〇一年の対テロ特措法でも、目的はアメリカの対テロ戦争に自衛隊を派遣して協力することであるが、自衛隊が行う活動は「武力による威嚇又は武力の行使に当たるものであってはならない」（第2条2）として、PKO法の時と同じ規定を置いている。

●「武力行使との一体化」は、日米が共同対処する対象が「周辺事態」に拡大し、自衛隊がアメリカ軍の作戦（武力行使）に対して本格的な後方支援活動を行うことが組みこまれ、一気に現実の問題となった。全面的対米軍事協力を行うためには、集団的自衛権の行使に踏みこむしかなくなっている。

●政府（内閣法制局）は、さらに「憲法違反というほかない領域」と「ギリギリ合憲の範囲内と主張しうる領域」とに区分けした。

●小泉首相は、武力行使はしないのだからいいのだの一点ばりだった。これは政府の憲法解釈が破綻したことを明らかにするものだった。

〈「集団的自衛権の行使」の憲法問題を考えるモノサシ〉

以上かいつまんで見てきましたように、政府（内閣法制局）の第九条に関する解釈は本当に苦しいものだったことがわかります。苦しさの根本の原因は、「力によらない平和」観を体現する憲法（第九条）と、

「力による平和」観を体現する日米安保条約という、真っ向から対立する平和観の狭間での綱渡りを強いられたことによるものでした。

そして、日本がアメリカのエスカレートする要求に応じて対米軍事協力の度合いを増せば増すほど、第九条に基づく立場（集団的自衛権の行使は認められない）を維持することがますますむずかしくなることは見やすい道理です。また、対米軍事協力を推進し、日米軍事同盟をＮＡＴＯ並みのレベルに引き上げようとする人々は今や、第九条の最後の「制約」とも言うべき「集団的自衛権の行使」は違憲というこれまでの政府の憲法解釈を突破し、そのために第九条改憲あるいは第九条の解釈変更を公然と主張するのです。

この本は、憲法を改正するあるいは第九条の解釈を変更するべきだという主張、それに反対する主張のいずれが正しいと判断を示すことを目的としないことは冒頭に述べたとおりです。その判断は主権者である皆さんが一人ひとり行うことです。

私としては、皆さんが主権者としての責任ある判断をされるうえでのモノサシを提供することが、この本の重要な役割であると考えます。そういうモノサシのいくつかはすでに提起されています（たとえば第九六条改憲は立憲主義に反するから許されないというモノサシ）が、非常に重要なモノサシであるのに国民的な議論の土俵に上っていないものがあるというのが私の認識であり、それをここで提起したいと思います。

ちなみに、「集団的自衛権の行使」の憲法問題を考えるモノサシは、国連がＰＫＯを含む集団安全保障体制の枠組みで行う軍事行動に対する日本の参加、という問題を考えるうえでのモノサシでもあります。

私が根本的なモノサシであると考えるものは二つあります。

一つはポツダム宣言であり、もう一つは日本がよって立つべき平和観は何かということです。

ポツダム宣言の内容についてはすでに紹介しました（→Ｑ１）。ここで改めて確認したいのは、日本はポツダム宣言を受けいれて降伏し、『「ポツダム」宣言ノ条項ヲ誠実ニ履行スルコト…ヲ天皇、日本国政府及其ノ後継者ノ為ニ」約束した（降伏文書）ということです。第九条を含む日本国憲法は、まさにその約束を履行するものとして制定されたのです。

憲法改正を主張する人たちは、この憲法、とくに第九条がアメリカによる「押しつけ憲法」であることを理由の一つに掲げます。しかし、ポツダム宣言を受けいれて降伏した以上、日本が徹底した非軍事化（及び基本的人権とデモクラシーの実現）を避けて通ることは許されないのです。

しかし、今日の改憲問題をめぐる議論において、日本が行ったポツダム宣言という国際約束についてはほとんど取りあげられません。考えられる最大の理由は、日本が独立を回復したサンフランシスコ対日平和条約によって、ポツダム宣言は過去のものになったという認識が広がったことにあると思います。

確かにポツダム宣言作成を主導したアメリカが、対日平和条約（及び日米安保条約）の締結を推進したので、ポツダム宣言は実質的に意味を失ったという理解・認識が日本国内で広がったことは事実です。

しかし、ポツダム宣言の当事国としては、アメリカのほかに中国とロシア（ソ連を継承した国家）があります（もう一つイギリスがあります）。そして、対日平和条約の当事国ではない両国と日本との間では、日本が誠実に履行することを約束したポツダム宣言の条項は有効であり、日本はポツダム宣言に法的に縛られています。したがって、第九条の改憲、またはその解釈を変更しようとする安倍政権としては、改憲内容あるいは第九条の解釈の変更が、ポツダム宣言と矛盾しないことを中国及びロシアに説明して、その了解をとりつける法的な義務を負っています。安倍政権としてはそういう了解をとりつける気持ちがないでしょうが、その場合には、日本がポツダム宣言から逸脱する行動をとることについて、中国及びロシアの了承を得なければならないはずです。

安倍政権が、中国及びロシアの了承がとりつけられない場合にも、改憲または解釈改憲をしようとするのであれば、あるいは（こちらのほうが安倍政権のとる道だと思いますが）中国及びロシアの意思を無視して、第九条改憲または解釈改憲を行おうとするのであれば、それはポツダム宣言を破棄するに等しいし、中国（及びロシア）がそのように受けとめることは避けられません。

それはとりも直さず、日本が降伏の大前提（ポツダム宣言の履行）を突きくずす行動を一方的にとるということです。中国は、安倍政権の行動をポツダム宣言に基づく第二次世界大戦後の東アジアの国際秩序を破壊するものと捉えて批判を強めていますが、ポツダム宣言に基づけば当然の警戒であり、批判です。したがって安倍政権としては、自らの改憲または解釈改憲がそういう重大な国際的な意味合いをもつことについて、主権者である国民に対して十分に説明し、その判断を仰ぐべき義務があると思います。

もう一つの根本問題は平和観の問題です。

憲法のよって立つ平和観は「力によらない平和」であり、日米安保体制・軍事同盟がよって立つのは「力による平和」です。この二つの平和観はいわば水と油の関係であり、両立しえないものです。ところが日本では、国民の間に「憲法も安保も」という平和観が広がってきました。また、政府（内閣法制局）の憲法解釈も二つの平和観の狭間を無理やり通り抜けてきたものであり、国民の平和観をあいまいにすることに貢献してきた（?）ことは否めません。

しかし、安倍首相が第九条改憲または解釈改憲を主張し、それを裏づける平和観として「積極的平和主義」を提起したということは、「憲法も安保も」というあいまいを極める平和観を卒業し、「力による平和」観にコミットすることを主権者である国民に迫っているにほかなりません。

ちなみに、安倍首相を含め、改憲または解釈改憲を主張する人たちは、「憲法の平和主義はそのまま」

と言います。しかし、それはあいまいな平和観というぬるま湯に浸っている国民向けの、いわばリップ・サービスに過ぎません。

「力によらない平和」観をとるか、それとも「力による平和」観をとるか、それは優れて一人ひとりの世界観にかかわる問題であり、また、二一世紀の国際社会に日本という国家をどのようにかかわらせるかという、主権者としての意思決定の問題です。そういう問題として、この本を読んでくださる皆さんが自分自身の問題として考えぬいたうえで判断することを期待します。

Key point《キーポイント》

●内閣法制局の解釈は、「力によらない平和」観を体現する憲法（第九条）と「力による平和」観を体現する日米安保条約という、真っ向から対立する平和観の狭間で綱渡りする苦しいものだった。

●対米軍事協力を推進しようとすれば、第九条に基づく立場（集団的自衛権の行使は認められない）の維持はむずかしく、「集団的自衛権の行使は違憲」という解釈を変更する主張がでてくる。

●日本はポツダム宣言を受け入れて降伏し、日本国憲法はその約束を履行するものとして制定された。ゆえに日本が非軍事化（及び基本的人権とデモクラシーの実現）を避けて通ることは許されない。

●日本はポツダム宣言に法的に縛られており、安倍政権は改憲内容あるいは第九条の解釈の変更がポツダム宣言と矛盾しないことを中国及びロシアに説明して、了解を取りつける法的な義務を負っている。

●安倍政権の行動を、ポツダム宣言に基づく第二次世界大戦後の東アジアの国際秩序を破壊するものと捉えて批判を強める中国の発言は、当然の批判である。

●安倍首相は「積極的平和主義」を提起し、「力による平和」観への選択を国民に迫っている。
●「力によらない平和」観か、「力による平和」観かは、日本という国をどのように国際社会とかかわらせるかという、主権者として一人ひとりが意思決定をするべき問題である。

Q3 「日米安保体制」って何？

◆「日米安保体制」とか「サンフランシスコ体制」とか口にする人がいるけど、いったい何なの？
◆政府はどうして日米安保条約を結んだのかな？　アメリカはどうして応じたのかな？
◆安保条約では「集団的自衛権」はどのように扱われているの？

A

これまで集団的自衛権と憲法第九条との関係に焦点を当ててお話ししてきましたが、ここで少し視点を変えて、日米安保体制と憲法との関係という視点で問題を考え直しておきたいと思います。視点を変えることにより、異なる問題点も出てくるし、同じ問題でもちがった角度から見つめ直すことができると思うのです。

憲法（第九条）と日米安保条約は、それぞれが「力によらない平和」観と「力による平和」観を体現していて、歴代政権と法制局の最大の悩みどころは両者の折り合いをどうつけるかであった、ということは前にお話ししました（→I、Q２）。

憲法（第九条）の平和観の直接の源はポツダム宣言（及び大西洋憲章）です。これに対して日米安保条約の平和観の直接の源はトルーマン・ドクトリンです。

〈大西洋憲章・ポツダム宣言と憲法〉

大西洋憲章というのは、アメリカのルーズベルト大統領とイギリスのチャーチル首相が、第二次世界大戦において連合国が勝利することを前提として、大戦後の世界を支配するべき諸原則を明らかにした文書です（一九四一年八月一四日）。

その諸原則としては、一般によく知られている領土不拡大原則（第1項、第2項）に加え、諸国民の政体選択の権利尊重及び主権・自治を奪われた者への主権・自治の返還（第3項）、経済分野における完全な協力関係の実現（第5項）、「一切の国の一切の人類が恐怖及び欠乏より解放せられ、その生を全うするを得ることを確実ならしむべき平和」の確立（第6項）、海洋航行の自由（第7項）、侵略国の武装解除及び各国の軍備削減（第8項）などが掲げられました。

これらの原則のいくつかは、後に国連憲章に盛りこまれ、第二次世界大戦後の国際関係を規律することになりました。とくに第6項及び第8項は、「力によらない平和」観に基づく国際社会の実現に対する方向性を示唆したものとも言えます。

ポツダム宣言は、アメリカのトルーマン大統領、イギリスのチャーチル首相及び中国の蔣介石総統がポツダム（ベルリン郊外）で発表（一九四五年七月二六日）した、日本に降伏を迫り、かつ、その降伏条件を示した文書です（後に当時のソ連も加わりました）。降伏条件についてはすでにお話ししました（→Q１）。要点だけ繰り返しますと、軍国主義者の権力及び勢力の永久的除去（第6項）、日本の戦争遂行能力破砕が確証されるまでの間の占領（第7項）、領土主権の及ぶ範囲の局限（第8項）、日本国軍隊の完全武装解除（第9項）、戦争犯罪人の処罰及び民主主義復活・人権尊重確立（第10項）などです。

大西洋憲章とポツダム宣言との関係は、前者がいわば総論、後者は日本に対する各論と位置づけることができます。とくにポツダム宣言の第6項、第7項、第9項及び第10項は、大西洋憲章が示した「力によらない平和」観を、日本において具体化するためのものであると言えるでしょう。

ただし、ポツダム宣言（及び大西洋憲章）が、徹底した「力によらない」平和観に立っていたということではありません。そもそもルーズベルトにしてもチャーチルにしても、国際政治における権力政治（パワー・ポリティクス）のチャンピオンというにふさわしい政治家でした。しかし重要なことは、その彼らも、第二次世界大戦を戦ううえでの大義として、人権・民主主義の諸原則と「力によらない」平和な世界の展望を掲げることが不可欠だと認識したことにあります。

ポツダム宣言の内容がどれほど日本国憲法（第九条）に影響を及ぼしたかを考えるうえでは、いわゆるマッカーサー3原則を振り返ることが必要です。

日本国憲法草案の起草に大きな影響を及ぼしたのは、一九四六年二月（三日）に日本を占領支配していた連合国最高司令官総司令部（GHQ）のマッカーサーが示した、いわゆるマッカーサー3原則であることはよく知られています。とくに、「憲法改正における『必須条件』(musts)」として示された3つの項目の中の第2項目は次のとおりです。

「国家の主権的権利としての戦争は廃止される。日本は、その紛争を解決する手段としての戦争、及び自らの安全保障を保持する手段としての戦争をも放棄する。日本は、その防衛及び安全について、世界を動かしつつあるより高い理想を信頼する。
日本の陸海空軍は将来にわたって認められず、交戦権は日本の軍事力に与えられない」

比較のために、もう一度憲法第九条の条文を見てみましょう。

第九条　日本国民は、正義と秩序を基調とする国際平和を誠実に希求し、国権の発動たる戦争と、武力による威嚇又は武力の行使は、国際紛争を解決する手段としては、永久にこれを放棄する。
二　前項の目的を達するため、陸海空軍その他の戦力は、これを保持しない。国の交戦権は、これを認めない。

「国家の主権的権利としての戦争」（マッカーサー3原則）と、「国権の発動たる戦争」（第九条）という日本語を比較すると、ずいぶん違った印象を受けます。しかし英語は同じなのです（war as a sovereign right of the nation）。私自身は、第九条の「国権」という表現には問題があると思います。また、「世界を動かしつつあるより高い理想を信頼する」（3原則）は、「日本国民は、正義と秩序を基調とする国際平和を誠実に希求し」（第九条）と相応しています。

二つの間に重要な違いがあることは事実です。3原則は、「自らの安全保障を保持する手段としての戦争をも（英語はeven）放棄する」（傍点は浅井）としていました。つまり、3原則では、国際紛争解決の手段としての戦争はもちろん、自衛のための戦争（すなわち自衛権の行使）も放棄するとしていたのです。

しかし第九条は、「（戦争及び武力行使について）国際紛争を解決する手段としては、永久にこれを放棄する」としています。

仮に第九条が3原則どおりに規定していたら、後に政府（法制局）が「第九条は自衛権及びその行使までは否定していない」という解釈を打ち出すことははるかに困難だったでしょう。

そういう違いはありますが、憲法（第九条）が基本的にポツダム宣言（及び大西洋憲章）の「力によらない平和」観を体現していることはまちがいないことです。

Key point《キーポイント》

●大西洋憲章は、アメリカのルーズベルト大統領とイギリスのチャーチル首相が、第二次大戦後の世界の諸原則を明らかにした文書で、とくに第6項及び第8項は「力によらない平和」観に基づく国際社会の実現に対する意欲を示した。

●ポツダム宣言は、アメリカのトルーマン大統領、イギリスのチャーチル首相及び中国の蔣介石総統が発表したもので、大西洋憲章のいわば日本に対する各論である。

●ポツダム宣言の第九条への影響を考えるうえでは、マッカーサー3原則を振り返ることが必要だが、そこでは「自らの安全保障を保持する手段としての戦争をも放棄する」としていて、自衛のための戦争（すなわち自衛権の行使）も放棄していた。明らかに「力によらない平和」観を示している。

〈トルーマン・ドクトリンと日米安保条約〉

それに対して、日米安保条約が体現しているのはトルーマン・ドクトリンの「力による平和」観です。トルーマン・ドクトリンというのは、第二次世界大戦が終わる直前にルーズベルト大統領が死去（一九四五年四月一二日）したのを受けて、副大統領から大統領に昇格したトルーマンが、一九四七年三月（一二日）にアメリカ議会（上下両院合同会議）で行った演説で示した外交政策の原則のことを指して言います。その中心に座っているのは、アメリカを中心とする自由主義諸国が、ソ連を中心とする共産主義諸国の脅威に対して力で対抗する決意を示す次の言葉に尽くされています。

「全体主義体制を押し付けようとする侵略的活動に対抗して、自由な諸国が自由な社会制度や国家の一体性を維持することを、我々が進んで助けようとしない限り、我々の目的を達成することはできないでしょう。これは、直接的または間接的な侵略行為によって自由な諸国民に押し付けられた全体主義体制が、世界平和の基盤を、さらには米国の安全保障を損なうことを、素直に認識することにほかなりません。」（在日アメリカ大使館ＨＰに載っている翻訳）

トルーマン・ドクトリンの日米安保条約に対する影響を考える前に、なぜポツダム宣言から二年強のわずかな間に、アメリカの対外政策がこれほど大きく変わったのかを見ておく必要があります。もっとも大きな要素は、ルーズベルトとトルーマンのソ連に対する見方の違いにあったと思います。

ルーズベルトは、ドイツ、日本等の全体主義陣営との戦いにおいて、ソ連を民主主義陣営の一員と位置づけました。独ソ戦は、まちがいなく民主主義対全体主義の戦いにおいてもっとも激しく戦われたものの一つとして位置づけられます。

ルーズベルトとスターリンの間で、ドイツの降伏によって欧州での戦争が終結した後に、ソ連が日本に対する戦争に参加することを約束したヤルタ協定が作られた（一九四五年二月一一日）のも、ルーズベルトがソ連を同盟国と見なしていたからこそありえたことでしょう。国際連合を組織化するに当たっても、ルーズベルトはスターリンのソ連と協調していく展望のもとに進めていました。

副大統領としてのトルーマンは、ルーズベルト政権の中枢に位置を占めていませんでした。したがって、ルーズベルトの突然の死去を受けて大統領になったトルーマンは、リーダーシップを発揮する用意を持っていませんでしたし、第二次世界大戦終結を目前にして、ソ連といきなり対決するという選択肢はありえませんでした。大西洋憲章を受けたポツダム宣言という性格はこういう背景のもとで理解できるのです。

しかし、米ソ冷戦はすでに第二次世界大戦が終わる前から次第に頭をもたげていました。原爆実験の成功という知らせを受けたトルーマンが、ソ連の対日参戦に消極的になったことはよく知られています。

それはともかく、第二次世界大戦終結後、米ソ関係は急速に悪化し、米ソ冷戦が本格化していきました。そして、ギリシャ及びトルコにおける事態の緊張を受けて、トルーマン・ドクトリンの表明へとつながっていったのです。

北東アジア情勢も、一九四五年～一九五〇年にかけて急変していきました。中国内戦で共産党が勝利して中華人民共和国が成立し（一九四九年一〇月一日）、朝鮮半島は南北に分裂して朝鮮戦争の勃発《ぼっぱつ》になります（一九五〇年六月二五日）。そういう状況の下で、自由主義陣営の一員として日本の独立を回復させ、共産主義を防遏《ぼうあつ》する反共のとりでとしての役割を担わせることがアメリカの対日政策の柱となっていくのは、アメリカからすればいわば必然でした。

その具体化がサンフランシスコ対日平和条約に基づく、日本の独立回復と日米安保条約による日本の自由主義陣営への組みこみでした。そして日本は、対日平和条約及び日米安保条約が発効した一九五二年四月二八日に日華平和条約を締結することにより、中国の共産党政権と対決していた台湾の国民党政権と国交を結ぶ（したがって中国と対決する）という選択をしました。

対日平和条約、日米安保条約及び日華平和条約によって構築された戦後日本の国際法的・国際政治的枠組みを「サンフランシスコ体制」と言います。「日米安保体制」とは、サンフランシスコ体制の一部であり、日米安保条約によって規律される日米安全保障関係を表す言葉と言えます。

〈国連憲章と日本国憲法・日米安保条約〉

集団的自衛権の問題を考えるうえでは、国連憲章と日本国憲法及び日米安保条約とを比較して検討する視点も必要です。

国連憲章は、二度にわたる世界大戦の経験と反省に立って（前文）、戦争を違法化し（第2条4）、国際紛争の解決を平和的手段及び国際法の原則に従って実現することを目的として掲げました（第1条1）。

これに対して日本国憲法は、政府の行為によって再び戦争の惨禍を起こさないことを決意し（前文）、戦争を放棄し（第九条）、平和を維持しようとする国際社会で名誉ある地位を占めたいと決意表明しました（前文）。

このように国連憲章と日本国憲法は、国際平和について基本的に同じ考え方を表明しています。両者の間の違いは、日本国憲法が戦争を起こした側としての反省をこめて、自らを律する立場で書かれているのに対して、国連憲章は挑戦を受けた連合国側の教訓と反省を踏まえて、国際社会全体を規律する立場で書かれていることによるものです。

しかし、両者のこの立場の違いはまた、安全保障問題に関する立場の違いの原因にもなりました。国連憲章は戦争を違法化する一方で、再び違法な戦争に訴えるものが出てくる可能性に対して備える集団安全保障体制の枠組みを定め（→Ⅱ、Q2）、また戦争違法化の例外として自衛権の行使を認めたのです（→Ⅱ、Q1）。

これに対して日本国憲法（第九条）の場合、そのもとになったマッカーサー3原則は自衛権の行使をも否定する立場だったことは前に述べました。また、第九条に関する政府の当初の理解も自衛権そのものが否定されているということであったことも述べたとおりです。後に政府は、アメリカの対日政策の変更に従う形で、第九条の下でも自衛権及びその行使は認められているという解釈を行うことになりましたが、以上でふり返った歴史の経緯に鑑みれば、政府のこの解釈の変更はかなり強引なものだったことは否めないところです（→Q、1）。

国連憲章と日米安保条約との関係についてはどうでしょうか。

国連憲章は戦争を違法化する一方で、再び違法な戦争に訴えるもの（違法者）が出てくる可能性に対して備える必要を認め、基本的な仕組みとして、安全保障理事会（安保理）が中心になって違法者を取りしまる集団安全保障措置の仕組み（集団安全保障体制）を設けるとともに、例外的に自衛権の行使を認めたことはすでにお話ししました。

しかし、国連憲章が定めたのはこれだけにとどまりませんでした。国連憲章の作成には、すでに進みつつあった米ソ冷戦が色濃く影響を及ぼしたのです。それが集団的自衛権の規定です。つまり、集団的安全保障措置の仕組みが動きだすまでの間にかぎって、各国が自衛権を行使して対処することを認めただけでなく、個々の国家がより強大な国家から攻撃を受けたときに、他の国家の協力も得て自衛を全うできるようにするための集団的自衛権行使の規定も盛りこんだのです（→Ⅱ、Q1）。

アメリカは、この集団的自衛権に基づいて北大西洋条約機構（NATO）をつくるとともに、日米安保条約をつくったのでした。NATOに参加した他の国々も、集団的自衛権に基づいて加わっていることは当然です。しかし、日本の場合は違います。日本の場合、これまでに述べたとおり、政府の憲法解釈の変更を経て自衛権があると主張されることになったわけです。その政府の立場からすれば、「他国が攻撃された場合に、自国が攻撃されていないにもかかわらず、その他国とともに反撃する権利」を意味する集団的自衛権の行使が認められていると主張することは不可能でした。こうして政府は、日本については固有の自衛権に基づく日米安保条約という立場を、一貫してとることになったのでした。

このように歴史的な背景を踏まえますと、日米安保体制についても、また、憲法についても新鮮な気持ちで見直すことができるのではないでしょうか。そして、今やあたりまえのようになっている「憲法も安保も」という国民的な受けとめ方があたりまえでもなんでもなく、むしろ「憲法か安保か」という問題の立て方をしないと、正確に本質がつかめないこともわかっていただけるのではないかと思います。

Key point《キーポイント》

- 日米安保条約が体現しているのはトルーマン・ドクトリンの「力による平和」観であり、大戦終結後、米ソ関係が悪化するなかで、自由主義陣営の一員として日本を独立回復させ、共産主義を防遏する反共のとりでとしての役割を担わせることが、アメリカの対日政策の柱となっていった。
- その具体化が、サンフランシスコ対日平和条約に基づく、日本の独立回復と日米安保条約による日本の自由主義陣営への組みこみであった。
- 戦後日本の国際法的・国際政治的枠組みを「サンフランシスコ体制」と言い、「日米安保体制」とは、サンフランシスコ体制の一部である。
●歴史的な背景を踏まえると、「憲法も安保も」という受けとめ方を見直し、「憲法か安保か」という問題の立て方をしないと正確に本質がつかめないことがわかる。

Q4

「集団的自衛権の行使」を認めると何ができるわけ？ 認めないと何か問題になるの？ それとも認めないほうがよいわけ？

◆「集団的自衛権の行使」が認められると、日本としては何ができるようになるの？
◆「集団的自衛権の行使」を認めないと、どういうメリットとディメリットがあるの？
◆「集団的自衛権の行使」が認められても、日本がやってはいけないことはやはりあるよね？
◆最近「敵基地攻撃」って耳にするんだけど、それってすごくきな臭い気がする。
◆「集団的自衛権の行使」が認められると、「地球の裏側にも自衛隊が行くことができるようになってしまう」と心配をする人がいるけど、そうなの？

A

集団的自衛権とは、「ある国が武力攻撃を受けた場合に、その国と密接な関係にある他の国が攻撃を受けたその国とともに、あるいはその国のために反撃する権利」と一般に定義されます（→Ⅱ、Q1）。

そして日本政府はこれまで、日本は国家として集団的自衛権という権利を国際法上はもっているが、「憲法（第九条）の下で集団的自衛権の行使は認められない」という立場できました（→Q2）。

「集団的自衛権を行使できる場合には何ができるのか。行使するとどんな不都合があるのか」という疑問を感じる人は少なくないでしょう。その疑問について納得のいく説明を聞かなければ、「その権利を行使できないままでいい」のか、「その権利を行使できるようにするべき」なのか、まともな判断はできないと思う人が多いだろうと思います。その点の判断ができなければ、集団的自衛権を行使できるようにするためには第九条の改正、または第九条に関する憲法解釈を変更することが必要かどうかについても判断できません。

そこで、集団的自衛権が行使できない現在の状況に、どのような不都合・問題があるのかについて考えます。その方法としては、集団的自衛権という権利を行使できるようにするべきだと主張する側が挙げる例を取りあげて、「確かに集団的自衛権を行使できないのはおかしい。したがって、第九条改憲または第九条の解釈変更は必要だ」と納得できるかどうかを見てみようと思います。

安倍首相が二つの具体的な例を挙げたことは前に紹介しました（→Ⅰ、Q4）。安倍首相が挙げた二つの例のもとになっているのは、これまでにも度々言及した安全保障の法的基盤の再構築に関する懇談会（安保法制懇）が、二〇〇八年に出した報告書で挙げた四つのケース（「四類型」）です。

第一のケースは、「共同訓練等で公海上において、我が国自衛隊の艦船が米軍の艦船と近くで行動している場合（浅井注：報告書は給油活動を挙げています）に、米軍の艦船が攻撃されても我が国自衛隊の艦船は何もできないという状況が生じてもよいのか」というものです。報告書はこのケースを「公海における米艦の防護」とまとめ、「我が国の安全保障のために自衛隊の艦船と共同で活動している米艦が攻撃に晒されたような場合に米艦を防護することは、同盟国相互の信頼関係維持のために当然なすべきことであり、また、我が国自身の安全保障に資することである」と主張しています。

第二のケースは、「ミサイルへの対処は、分秒の間に判断する必要があり、さらに、複数のミサイルが日米双方に向かう場合に、我が国に向かうものは撃ち落せるが、米国に向かうものは撃ち落せないということになれば、撃墜の可否を即座に判断することは困難なものとなる」がそれでいいのか、というものです。報告書はこのケースを「米国に向かうかもしれない弾道ミサイルの迎撃」としています。

このケースについて報告書は、「米国に向かうかもしれない弾道ミサイルを我が国が撃ち落す能力を有するにもかかわらず撃ち落さないという選択はあり得ない」と主張しています。

第三のケースは、「国連は、要員を防護するための武器使用とともに、国連ＰＫＯの任務遂行に対する妨害を排除するための武器使用を認めている。しかるに、我が国の国際平和協力法では、…国連ＰＫＯに参加している他国の部隊又は隊員が攻撃された場合に駆け付けて仲間を警護するため必要な…武器を使用することが許されていない。さらに、妨害排除のための武器使用も認められていない」がそれでいいのか、ということです。報告書はこのケースを「国際的な平和活動における武器使用」としています。

ちなみに報告書は、このケースを国連ＰＫＯ活動に対する協力として限定的に扱っており、集団的自衛権にかかわるケースとしているわけではありません。しかし、このケースは、「国連ＰＫＯに参加している他国の部隊」を「アメリカ軍」に置き換えれば、そのままとりも直さず集団的自衛権行使の問題ということにもなります。したがってこのケースは、集団安全保障体制にかかわる問題（Ⅱ、Ｑ２でお話ししましたように、初期の国連ＰＫＯは集団安全保障体制の一部とは位置づけられていなかったのですが、米ソ冷戦終結後に武力行使を伴う平和強制活動にも踏みこむようになって、集団安全保障体制の一環と位置づけられる活動が増えてきました）であると同時に、集団的自衛権行使にかかわる具体例としても捉えることができます。

第四のケースは、「同じ国連ＰＫＯ等に参加している他国の部隊に自衛隊が…後方支援をする場合であっても、（その）他国の部隊が武力を行使するときは、自衛隊の後方支援も…他国の武力の行使と一体化して、我が国による武力の行使として評価され、憲法に違反する」からできないことになっているが、それでいいのかということです。

報告書はこのケースを「同じ国連ＰＫＯ等に参加している他国の活動に対する後方支援」としています。このケースについては国連の平和維持活動に対する後方支援とアメリカその他の軍隊の活動に対する後方支援とが区別されないで、両方を含む形で扱われています。

では、一つ一つについて「確かに集団的自衛権を行使できないのはおかしい」かどうかを考えます。

第一の「公海における米艦の防護」については、判断するための前提問題として、安保法制懇の人たちにハッキリさせてもらわなければならないポイントがあります。

すなわち、「米艦が攻撃される」というのがこの議論の出発点にあるわけですが、「いったいどのような国が、自衛艦が米艦に給油している、あるいは、米艦が日本に対するミサイル攻撃を警戒・監視する活動に従事しているというだけで、米艦に対して攻撃を仕掛けてくるのか」について説明がないことです。やみくもに攻撃をしかける国があるとしたら、その国は次の瞬間には圧倒的なアメリカの軍事力でたたきのめされることは、軍事常識として、またこれまでのアメリカの実際の対応の仕方から見てもわかりきっています。

この点についての納得できる説明がなければ、第一のケースは架空の議論でしかありません。架空の議論に基づいて集団的自衛権を行使できるようにしなければならないと主張するのは、イソップの「狼が来るぞ」というお話と同じです。

第二の「米国に向かうかもしれない弾道ミサイルの迎撃」というケースについても、やはり安保法制懇の人たちにハッキリさせてもらわないといけない前提問題があります。

その問題は要するに、「いったいどの国が、どういう状況の下で、圧倒的な質量の核兵器を保有するアメリカを狙って弾道ミサイルを発射するのか」という問題です。仮に弾道ミサイルをアメリカに向けて打ち上げる国があったとした場合、その国にはアメリカの間髪を入れない大量報復攻撃により、地上から灰となって消失し、露と消える運命が待っていますから、そのようなバカなことをしでかす国があるとは、私のような常識人間にとっては想像もつかないのです。

以上の二つのケースが念頭においているのはたとえば朝鮮でしょう。「北朝鮮は何をしでかすかわからない、常識が通用しない国」だから、無謀な攻撃をしかける可能性がある、という意見は私もよく耳にします。しかし、そういうことがあり得たのは核兵器が登場する前の時代までのことです。たとえば一九四一年一二月に、日本がアメリカを相手に無謀な戦争をしかける行動に出たのは、まだ原爆が登場する前で、日本全土が灰になるというような事態を想定する必要はなく、何とか持久戦で自分たちに有利な終戦に持ちこむことができるのではないか、という読みを行うだけのゆとり（?）があったからです。

しかし核兵器の圧倒的な破壊力は、広島・長崎に対するもっとも原始的な原爆投下でも明らかでした。核兵器の登場は、文字どおり戦争に対する考え方を根本から見直すことを迫るものだったのです。

しかも、今日のアメリカが保有している核兵器の破壊力は、それこそ地球を何回も破壊しつくすだけの途方もないものです。朝鮮が無謀な攻撃をアメリカにしかけるならば、次の瞬間に朝鮮は完膚《かんぷ》なきまでにたたきのめされる運命が待ちうけています。それは軍事常識のイロハのイです。朝鮮ももちろんそのことを知りつくしています。ですから、朝鮮が安保法制懇の報告書が想定するような攻撃をしかけるはずはないのです。

ではなぜ、朝鮮が核ミサイル開発にしゃかりきになっているのかは、前に述べたとおり身を守る最後の手段（抑止力）としてなのです。朝鮮の核ミサイルは、攻撃用としてはまったく意味がありません。なけなしの核ミサイルによる攻撃は自殺行為です。しかし、アメリカが戦争をしかけてきたら、かなわぬまでも日本、あるいは韓国の大都市を道連れにするだけの核ミサイルはあるぞ、ということです。

報告書は述べようとしませんが、朝鮮がアメリカに対して「攻撃」することがあるとすれば、アメリカ（または米日、米韓）が朝鮮に対して攻撃をしかけることに対する反撃としてです。そんなバカなことをアメリカや日本がするはずはないではないかと思う人もいるでしょう。しかしたとえば、小野寺五典防衛相や安保法制懇の北岡座長代理が口にする敵基地攻撃論とはそういうことなのです。

敵基地攻撃論の要点は、発射されようとしているミサイルの基地（よりピンポイントして言えば発射台）を叩いて撃破するということです。この主張の背景には、慣習国際法上、切迫した脅威に直面した時、攻撃を受ける前に相手を叩くことは「先制自衛」として認められており、日本としてはその権利を行使するのだという理屈が潜んでいます（→Ⅱ、Q１）。「ミサイルが発射されようとしている」のは「切迫した脅威」だと言うわけです。

しかし問題は、慣習国際法としては「先制自衛」が認められてきたとしても、国連憲章第51条のもとでも認められるかどうかについては、国際的に議論が分かれているという事実があることです。しかも、認められているとするものはアメリカ、イスラエルなど少数であり、一〇〇以上の国家が参加する非同盟運動や中国、ロシアは「先制自衛」は憲章上認められないという立場です（詳細についてはⅡ、Q1を読んでください）。また、内閣法制局自身も、「急迫不正の侵害＝武力攻撃」としているのですから、先制自衛はありえないということです（→Q2）。

ちなみに、ミサイル防衛というといかにも受け身的に聞こえますが、その本質は極めて攻撃的です。と言いますのは、相手のミサイルを無害化したうえで、相手に対する攻撃のフリー・ハンドを握るというのが、アメリカや日本の戦争シナリオだからです。

ミサイル防衛についてもう一つつけ加えれば、飛んでいるミサイルを打ち落とすのは至難の業だということです。私たちが新聞紙上でよく目にするミサイル防衛の見取り図は、打ち上げられたミサイルを空中、あるいはこちらに向かって落下してくる段階で捉え、撃破するというものです。しかし、超高速で飛んでおり、しかも飛ぶ方向が定かでないミサイルを正確に迎撃し、撃破することは神業を要することです。

アメリカは、迎撃実験に成功したというニュースを盛んに宣伝しますが、それは、迎撃されるべき目標のミサイルについての必要な情報が、すべて迎撃ミサイルにインプットされた条件のもとで、その迎撃ミサイルを打ち上げてのことだということを忘れてはなりません。それでも迎撃に成功することがニュースになるということは、そういう情報のインプットがゼロに近い朝鮮の弾道ミサイルを打ち落とすことが、いかにむずかしいかを示すものにほかなりません。

説明が長くなりましたが、要するに朝鮮の弾道ミサイルを確実に撃破しようとするのであれば、打ち上げられる寸前までの段階で捉えることが不可欠です。だから敵基地攻撃という主張が出てくるのです。

もう一つ、「敵基地攻撃」論の重大な問題をつけ加えれば、打ち上げの「寸前」であるか否かの判断をするのは日本であり、客観的に証明しようがないという問題もあります。つまり、日本は自衛権の行使だと主張するとしても、本当に攻撃が切迫していたのかどうかは闇の中です。「先制自衛」といいながら、じつは「先制攻撃」にほかならないという可能性があるのです。だからこそ、圧倒的に多くの国が「先制自衛」は自衛権の行使に含まれるというアメリカなどの主張に反対するのです。

話を元に戻します。民族としてのプライドが高い朝鮮からすれば、アメリカ（あるいは米日、米韓）の攻撃を受けたときに泣き寝入りすることはありえず、当然反撃することになります。その反撃は朝鮮にとって、国際法上の権利である自衛権の行使です。

ところが報告書は、自衛権を行使して反撃する朝鮮の行動を不法な「攻撃」と描きだし、そこから議論を出発させているのです。ですから、第一及び第二のケースについては、報告書の議論の出発点そのものがなり立たないということを指摘する必要があります。したがって、これら二つのケースは集団的自衛権の行使ができるようにするべきだという主張を、私たちに納得させることができる例ではありません。

第三の「国際的な平和活動における武器使用」のケースについては、さらに二つのケースに分けて考える必要があります。すなわち、報告書が示している国連ＰＫＯに参加するケース（この場合は集団的自衛権行使ということではありません）と、アメリカ軍その他の軍隊要員を守るという報告書が取りあげていないケースとです。

国連ＰＫＯについては、そもそも参加するかどうか、参加する場合の条件については、国連側とＰＫＯ参加国との話し合いで決められますが、最終的にはそれぞれの国家の判断にゆだねられることになっています（参加条件が折りあわない場合は、国連が参加を断る可能性はあります）。

報告書は、「国連ＰＫＯ等で共同任務を行う他国の部隊や要員が危険に晒《さら》され、自衛隊に救援を求めているにもかかわらず我が国独自の基準により武器使用が認められていないために他国の部隊や要員を救援しないことは常識に反しており、国際社会の非難の対象になり得る」と主張します。

しかし、日本の参加条件が国際的に「非難の対象」となったことを、私は寡聞《かぶん》にして聞いたことがありません。報告書自体、「国際社会の非難の対象になり得る」と表現し、「国際社会の非難の対象となっている」とは書いていないのです。

報告書はまた「常識に反する」と言いますが、そこでいう国連ＰＫＯの「常識」とは、武器使用するのはあたりまえということを意味しているというのであれば、それこそ国連ＰＫＯに関する非常識です。

確かに近年の国連ＰＫＯが、武力行使を伴う平和強制行動に踏みこむケースが増えていることは事実ですが、そういうＰＫＯに参加するかどうかの判断はあくまで各国にゆだねられていますから、「常識に反する」事態は起こりえません。日本に関していえば、そういうＰＫＯには参加しないのが日本政府の方針だといえば、それまでのことです。

アメリカ軍、その他の軍隊を守るという集団的自衛権の行使に当たるケースについてはどうでしょうか。「何でもできるＮＡＴＯ」と同じように、「何でもできる日米同盟」の実現を求めているアメリカ（→Ⅰ、Ｑ４）からすれば、アメリカ軍と肩を並べて戦う自衛隊として、米軍兵士をも守る積極的な自衛隊であってほしいことは確かでしょう。

しかし、そこまで踏みこむ日米同盟を支持する国民がどれほどいるでしょうか。「日本の平和と安全を守ってくれる日米安保」を支持する国民が多いことは確かです。しかし、「アメリカと一緒になって戦う日本」になること（「何でもできる日米同盟」）に対しては、国民世論としては消極的な意見のほうが圧倒的に多いのではないでしょうか。

第四の「同じ国連PKO等に参加している他国の活動に対する後方支援」のケースについては、すでに述べたように、報告書は国連PKOに対する後方支援と、アメリカ軍その他の軍隊の活動に対する後方支援とをわけていません。それは、報告書が問題視するポイントが「武力行使との一体化」にあり、それは両者に当てはまる問題だからです。

「武力行使との一体化」というのは、報告書を引用すれば、「他国の部隊に自衛隊が補給、輸送、医療等、それ自体は武力の行使に当たらない後方支援をする場合であっても、支援を受けた他国の部隊が武力を行使するときは、自衛隊の後方支援も、その密接性等から、他国の武力の行使と一体化して、我が国による武力の行使として評価され、憲法に違反する」というこれまでの政府見解のことを指しています（くわしくはQ1を読み返してください）。

報告書は、「『武力の行使との一体化』というのは、我が国特有の概念であり、現実の問題としても、他国の武力の行使と、どの程度密接に後方支援が行われたら武力の行使と一体化するのかといった基準が明確でないこと、刻々と変化する事態の中で、一体化の有無を判断するのが非現実的である等の困難を提起してきた」と指摘します。私もこれらの指摘自体については同感です。

しかし、「武力行使との一体化」という問題の根本はそういう次元のことではありません。報告書もそのことを正確にわきまえています。

すなわち、報告書は「元来『一体化』論は、日米安保条約の下で、米軍に対する我が国の後方支援が米軍の武力の行使と一体化する場合には、我が国の後方支援も憲法の禁止する集団的自衛権に該当するという文脈で議論されたものである」と指摘します。そして、「この考え方を日米安保条約の脈絡で論理的に突き詰める場合には、極東有事の際に同条約第6条の下で米軍が我が国の基地を戦闘作戦行動に使用すれば、我が国による基地の提供とその使用許可は、米軍の『武力の行使と一体化』することになるので、安保条約そのものが違憲であるというような不合理な結果になりかねない」と敷衍《ふえん》しています。すなわち、「武力行使との一体化」という問題の根本にあるのは、作戦行動を行う米軍に対して日米安保条約に基づいて基地を提供することそのものが憲法違反だということ、つまりは、日米安保条約そのものがもともと憲法違反の存在だということです。

報告書は「不合理な結果になりかねない」としていますが、じつは不合理でもなんでもありません。日本語で言う「後方支援」とはロジスティックス（兵站《へいたん》活動）のことであり、補給、輸送、医療等を含め、正に武力行使の不可分の一部を構成するものなのです。この点についてはすでに指摘しました。

別の言い方をしますと、日本政府はこれまで、憲法第九条と日米安保条約とが矛盾するものではないと主張するために様々なレトリックを使ってきました。第三のケースにおける、憲法違反に当たる「武力行使」と区別されるべき、憲法違反ではない「武器使用」という言葉を編みだしたのもそういう例です。そして、「武力行使と一体化」しない「後方支援」もそういうレトリックとして編みだされてきたものです。問題は、どうして歴代政府はそのような苦しい憲法解釈を試みることを強いられてきたのかということです。それはまさに、憲法第九条に対する国民の支持が厚いことを無視できなかったからにほかなりません。国民の支持が無視できる程度のものであったならば、政府はそんな面倒なことで頭を悩ませることなく、とっくの昔に解釈改憲に手を染めていたにちがいないのです。

しかし、そういうレトリックはもはや完全に破綻していることは、対テロ特措法の国会審議の時の小泉首相の数々の発言に如実に示されました（→Q2）。だから報告書は、正々堂々と後方支援（兵站活動）ができるように、第九条の解釈を変更するべきだと主張するに至ったのです。

それは確かに一つの立場です。しかし、そうするかどうかはあくまで主権者である国民の、憲法第九条に対する認識如何によって決められるべきことであって、安倍政権の一存で決める筋合いの話ではないはずです。その点については二〇〇八年の報告書も、「集団的自衛権を認める場合には、同盟国たる米国が当事国になっている紛争の多くに我が国が参加させられるのではないか、あるいは、集団安全保障措置に基づくすべての国際的な平和活動に参加しなくてはならなくなるのではないかという不安が国民の間に生ずることが予想され、そのような不安も理解できるところである」と認めていたのです。

以上では、報告書が挙げた四つのケース（四類型）について、集団的自衛権の行使を必要とする事例としての説得力をもつかどうかを検討しました。そういう説得力はないという結論は免れないと思います。しかし、前に紹介した北岡・安保法制懇座長代理の二つのインタビューで行った発言（→I、Q４&Q５）によれば、安保法制懇が集団的自衛権行使の対象を以上の四類型に留める気持ちはもはやないことは明らかです。

北岡氏が新たに提起したケースは、①集団安全保障またはそれに準ずる国際的な平和活動、すなわち国連主導の兵士を戦闘に巻きこむ可能性のある平和維持活動における武器使用、②自衛隊が防衛する対象を同盟国だけに限定せず、近隣国家に対する攻撃、中国と領土問題を抱える東南アジア諸国、シー・レイン防衛、さらには地球の裏側の事態についても集団的自衛権行使の対象とする、③敵基地攻撃の三つです。とくに二番目のケースは、「何でもできる日米同盟」に対する意欲を色濃くにじませたものです。

最初のケースは、先に挙げた四類型の第三のケースを膨らませたものです。しかし、単純な膨らませ方ではありません。ＰＫＯだけではなく、武力行使を伴う平和強制活動にも自衛隊を参加させるようにするという点で、政府の憲法解釈では合憲の範囲内である「武器使用」に留まっていた四類型から、従来の政府の解釈では違憲とされてきた「武力行使」に踏みこむという点で、質的な飛躍がこめられています。この飛躍が認められれば、自衛隊が国連主体の軍事活動に全面参加する道が開かれることになります。

国連主体の軍事活動を含む集団安全保障体制のあり方については、安保理が模索を繰り返していて流動的ですし、国際法の立場からは様々な問題が提起されています（→Ⅱ、Q1）。日本国内世論は、PKOに対する自衛隊参加に関しては支持するものが多いですが、武力行使を伴う平和強制活動に関しては事実関係を含めて理解が進んでいません。安倍政権には、国民が知らないことをいいことにして既成事実化するのではなく、主権者である国民が正確な知識を踏まえて判断できるように、情報をオープンにすることが求められていると思います。

第二のケースは、安倍政権が盛んに強調する「中国脅威」論と、アメリカの対日要求の根本にある「何でもできるNATO」並みの「何でもできる日米同盟」という方向性をドッキングさせたものと言えます。

アメリカが「中国脅威」論を突出させることには消極的（→Ⅰ、Q4）なことを、安保法制懇として無視することはできませんが、安倍首相のむきだしの中国に対する対抗心は北岡氏も共有するところであり、その着地点が以上のような提起となっていると言えます。

「地球の裏側の事態」に自衛隊が出動することに対しては、国民の間で不安、批判があります。しかし集団的自衛権は、ある国が武力攻撃を受けた場合に、その国と密接な関係にある他の国が攻撃を受けたその国とともに、あるいはその国のために反撃する権利ですので、その国の要請がありさえすれば、集団的自衛権は行使できるとされています（→Ⅱ、Q1）。したがって、北岡氏などの発言がとくに過激だということではありません。要は、主権者である国民がそれを認めるかどうかということです。

「近隣国家に対する攻撃」というカテゴリーに含まれる国家は、韓国及び台湾（浅井注：「国家」に含めることは正確ではありませんが、「台湾海峡有事」は日米共通の関心であることは日米「2＋2」文書で確認されます）でしょう。しかし、安倍政権の思い入れがすんなり通るでしょうか。

台湾当局の反応については、私は情報不足ですが、中台経済関係の深まり、とくに台湾経済の中国大陸への依存度の深まりは今や半端なものではありません。アメリカ（あるいは米日）がよほどのちょっかいをかけないかぎり、中台関係が緊張して台湾海峡有事になるような可能性はゼロと言っていいでしょう。したがって、安倍政権が集団的自衛権を行使したいと思っても、そういうきっかけはありえないと考えられます。

韓国についてはどうでしょうか。韓国政府は、二〇一三年一〇月の日米「2＋2」共同発表（→I、Q5）で、アメリカが日本の集団的自衛権行使に好意的に反応したことに対して、重大な関心をもって受けとめています。

韓国の尹炳世外相は二〇一三年一〇月三一日に、日本が集団的自衛権の行使を追求していることについて発言し、これは韓国が容認するか否かという問題ではなく、韓国が同意しなければ日本が朝鮮半島に介入することはできないということだと述べ、韓国政府はアメリカ政府に対して、朝鮮半島の主権にかかわる問題については韓国の意見を反映するべきだという見解を伝えたとし、また、韓国政府の同意なしには、日本の自衛隊はいかなる状況のもとでも韓国の領土及び領海に入ることはできないと述べました。

さらにまた、韓国国防部の白承周次官も同年一一月一三日に、訪韓した防衛省の西正典次官と会談し、日本の集団的自衛権解禁が周辺地域に不安定をもたらすものであってはならないこと、日本の防衛政策及びこれに関連する議論は平和憲法の精神に基づき、地域の平和と安定に対して貢献するべきこと、歴史問題に対しても反省を加えて、周辺諸国の疑惑を減少するように推進するべきことなどを指摘し、日本は真っ先に周辺諸国の信頼の獲得を得るための努力を行うべきだと強調しました。

そして、同年一一月二五日付の韓国・中央日報は、日本で集団的自衛権行使についての検討が進んでいることに関し、韓国政府が日本政府に対して「3大原則」を提起したと報道しました。記事の内容の信憑性は確認しようがありませんが、韓国側の深刻な懸念の所在を窺うには十分すぎる内容だと思います。同紙HP記事（日本語）を紹介しておきます。

韓国政府が日本の集団的自衛権の行使議論に関連して「3大原則」を日本政府に提示したことが確認された。

高位外交消息筋は二四日「日本国内の集団的自衛権議論に韓国の立場を十分に反映できるように、韓国の立場と憂慮をこめた『3大原則』を最近、口頭で伝えた」として「これは日本国内の集団的自衛権議論が不可測な方向に発展しないよう警告の意味も含めている」と伝えた。

日本政府の関係者もこの日「韓国政府の最終的な見解を盛りこんだ正式文書やガイドラインではないが、外交ルートを通じて韓国の基本的立場が日本政府に伝えられた」として「懇談会（安倍首相の私的諮問機関『安全保障の法的基盤の再構築に関する懇談会』）の提言書が確定すれば、韓国の立場などを考慮して政府内議論を始める方針」と話した。韓国政府が述べた「3大原則」は、①日本の集団的自衛権行使の議論は韓半島をはじめとする地域の安定と平和に寄与しなければならない、②韓半島問題はあくまでも韓米同盟を踏まえる、③日本の集団的自衛権行使は韓国の「憲法」と整合性を備えなければならないというものだ。

先に、韓国政府は「韓半島など地域の安定と平和に寄与」に関連して「安倍首相が主張する『積極的平和主義』をめぐる解釈の差が厳存して地域内で憂慮も提起されているだけに（集団的自衛権行使によって）北東アジア地域の平和という絶対的価値を傷つけてはならず、その立証責任もまた日本にある」と強調した。

2番目の日本の集団的自衛権の行使が韓半島に関連したものである場合、これは韓米同盟の「付随的な支援」の役割に忠実であるべきで、自らの判断による行動は決して許容できないという立場を明確にした。これは先月（一〇月）二五日、政府高位関係者が米国を訪問して「韓半島の主権行使に関連した部分では韓国の立場が反映されなければならない」と主張したことにも通じる。

最後に「大韓民国憲法との整合性」を強調したのは事実上、日本の北朝鮮に対する集団的自衛権の行使を念頭に置いたものと分析される。日本の外交消息筋は「これは大韓民国の憲法上、北朝鮮も韓国の領土であるだけに『北朝鮮に対するいかなる集団的自衛権関連行為も韓国に対する行使と見なす』ということで直接釘をさしたと解釈される」と話した。すなわち北朝鮮に対する武力対応などすべての議論にも韓国が主体にならなければならず、承認を得なければならないという一種の宣言的な意味をこめたものだ。外交部のある関係者は「韓国も韓国なりの原則を日本に明確に伝える必要があった」として「これは韓国が日本の集団的自衛権行使を事実上容認するしないという次元とは別の問題」と話した。

「中国と領土問題を抱える東南アジア諸国」というのは、具体的にはフィリピン、ヴェトナム及びマレイシアということになります。安倍首相の東南アジア重視は確かに際立っています（ASEAN諸国すべてを集中的に歴訪）。とくに中国と激しく対立するフィリピンのアキノ政権に対するテコ入れが目立ちます。

アメリカは、安倍政権のこうした行動に対して好意的です。しかし、南シナ海の領土問題に対するアメリカ政府の立場は東シナ海の場合と同じで、「いずれの側にも立たない。当事者間の話し合いでの解決を支持する」というものです。小さな島の争いのために対中戦争に巻きこまれることはまっぴらゴメン、ということです。ですから、この問題で仮に日本が集団的自衛権を発動しようとしても、アメリカから待ったがかかることはまちがいないと言ってもいいでしょう。

「シー・レイン防衛」に関しては、もう一度北岡氏が述べたことを紹介します。北岡氏は、「もしこれが日本の船舶に対する攻撃であれば個別的自衛権の問題だ。もし大きな混乱をもたらすのであれば、国連のもとでの集団安全保障ということになる」、(あるいは)「もしこのシー・レインを守っているアメリカ、オーストラリアまたはインドの船舶が攻撃されるとなれば、日本にとって非常に大きな衝撃となるから、日本としてはこれらの国々と一緒に(その脅威を)排除する(集団的自衛権の)権利を持つ」と述べたのです。

「大きな混乱をもたらすのであれば、国連のもとでの集団安全保障ということになる」という発言は、安保理が中国の海洋活動を「国際の平和と安定に対する脅威」と決定すれば、国連の集団安全保障体制の対象となるという意味でしょう。しかし、このような可能性はゼロです。中国は安保理常任理事国ですから、中国を脅威とする安保理決議に対しては拒否権を使って葬るに決まっています。北岡氏がそのことを知らないはずはありませんから、上記発言は不可解としか言いようがありません。

「シー・レインを守っているアメリカ、オーストラリアまたはインドの船舶が攻撃されるとなれば、日本にとって非常に大きな衝撃となるから、日本としてはこれらの国々と一緒に(その脅威を)排除する(集団的自衛権の)権利を持つ」という発言も極めて非現実的な仮定に立っています。中国(の艦船)が米豪印(の艦船)を攻撃するなどという事態を、どうやって想像するのでしょうか。

「敵基地攻撃」についてはすでに何度も触れました。朝鮮が核ミサイルを打ち上げると仮定した場合、どこを標的にして発射されるかはわかりませんから、理論的には、日本としては自衛権の発動として単独に朝鮮のミサイル発射台を叩く選択肢と、アメリカと共同して集団的自衛権の発動として叩く選択肢とがあります。しかし後者の場合は、すでに述べたことから明らかなように、韓国の意思を無視して動くことはありえません。

むしろ軍事的にありうるのは、日本がアメリカ及び韓国と相談せずに、（個別的）自衛権の行使として朝鮮のミサイル発射台を叩く可能性です。しかし、自衛権行使としての敵基地攻撃が認められるかについては、国際法的に否定的に解する立場が多数説であることはすでに指摘したとおりです（→Ⅱ、Q1）。

以上に見てきたとおり、集団的自衛権の行使が必要だとする主張が挙げるいかなるケースも説得力がない、という結論は避けられないと思います。そうであるとすれば、ありもしない可能性を名目にして第九条の解釈を変更するという主張には疑問符をつけざるをえない、という結論もまた不可避と言わなければならないのではないでしょうか。

最後に、尖閣諸島で日中が軍事的に緊張を高めた場合に、日本の要請に応じてアメリカが集団的自衛権の発動に踏みきる可能性があるかどうかについても見ておきます。

この点に関しては、二〇一三年一〇月二五日付の日本経済新聞が、「日米両政府が沖縄県・尖閣諸島の有事を念頭に作成した共同作戦計画に、尖閣を中国に占拠された際の奪還シナリオを明記したことがわかった。『尖閣有事』を望まない米政府は日中に外交的な解決を求める一方、中国の挑発行為を批判。米軍が加わる奪還シナリオまで盛りこむことで中国に自制を促し、偶発的な衝突を回避する狙いだ。米国防関係者が二四日、明らかにした。共同作戦計画は今年三月に岩崎茂統合幕僚長とロックリア米太平洋軍司令官が協議し本格的な作成に着手。今夏に作成を終えたが、防衛機密に属するため公表していない」と報道しました。

二〇一三年一一月一日の定例記者会見で、この記事についてのコメントを求められた中国外交部の華春瑩報道官は、「アメリカは中国に対し、この報道が事実と合致していないという説明を行った」と述べました。また、翌一一月二日付の中国新聞社のワシントン電は、アメリカ国防省のプール・スポークスマンが中国メディアの質問に答え、日本のメディアの報道は「不正確」であり、「真実に欠けるところが多い」と強調したと伝えました。同スポークスマンはさらに、アメリカの尖閣問題に関する立場に変化はなく、日中間で平和的に解決し、情勢を緊張させる行動を避けるべきであり、「地域の平和、安全保障及び経済成長を破壊するような誤りを防止することが極めて重要だ」と述べました。

アメリカの腹の底を読むことはむずかしいことではありません。アメリカはつねに中国を軍事的に牽制したいと思っており、東シナ海及び南シナ海の領土問題も、中国を牽制する材料として利用するという位置づけであることは明らかです。したがって、日本経済新聞の報道が不正確であるとしても、「火のないところに煙は立たない」という譬えは当てはまるでしょう。それはまさにアメリカの狙いどころであるはずです。

しかしアメリカの狙いはあくまで中国を牽制することにあり、それ以上ではありません。オバマ政権の対中政策の基本は、国家安全保障担当のライス補佐官が、二〇一三年一一月二〇日にジョージタウン大学で行った「アジアにおけるアメリカの将来：安全の向上」と題する演説の次の一節に尽くされています。

前にも紹介しました（→Ⅰ、Q4）が、重要なくだりなのでもう一度引用しておきます。

「中国との関係においては、我々は大国関係の新しいモデルを稼働させようとしている。すなわち、アジア及びその以遠における、両国の利害が収斂《しゅうれん》する課題において協力関係を深めながら、回避できない競争をうまく操縦していくということだ」

「大国関係の新しいモデル」というのは、胡錦濤政権の中国が盛んにアメリカに提起し、習近平政権も対米関係の中心に据えている「新型大国関係」のことです。ライスの発言は、オバマ政権が中国の提起する米中関係のあり方に基本的にコミットしていることを意味します。

アメリカ（オバマ政権）が、尖閣問題のために米中関係を犠牲にする気持ちはさらさらないことは明らかだと言わなければなりません。

Key《キー》 point《ポイント》

●集団的自衛権が行使できない不都合・問題として、（安保法制懇）の報告書で挙げた四つのケース（「四類型」）があげられる。しかし第一と第二のケースはそもそも、大国アメリカを攻撃する国があるのかどうかも含め、現実的ではないケースであることが明らかである。

第三の「国際的な平和活動における武器使用」のケースは、参加するかどうかと参加条件についてはそれぞれの国家の判断にゆだねられており、日本の参加条件が国際的に「非難の対象」となったことはない。

第四の「同じ国連ＰＫＯ等に参加している他国の活動に対する後方支援」のケースは、つきつめていけば日米安保条約そのものがもともと憲法違反の存在であることにいきつく。

●歴代政府が苦しい憲法解釈を試みてきたのは、憲法第九条に対する国民の支持が厚いことを無視できなかったからであり、そうでなければとっくに解釈改憲に手を染めていたにちがいない。

●北岡・安保法制懇座長代理は、あらたなケースとして①集団安全保障またはそれに準ずる国際的な活動、すなわち国連主導の兵士を戦闘に巻きこむ可能性のある活動、②自衛隊が防衛する対象を同盟国だけに限定せず、近隣国家に対する攻撃、中国と領土問題を抱える東南アジア諸国、シー・レイン防衛、地球の裏側の事態についても集団的自衛権行使の対象とする、③敵基地攻撃をあげている。

●集団的自衛権が行使できるようになれば、ある国が武力攻撃を受けた場合に、その国と密接な関係にあり、その国の要請があれば、「地球の裏側の事態」に自衛隊が出動することになる。

●台湾は中国との経済関係が深まっているので、アメリカ（あるいは米・日）がよほどなにかをしかけない限り、中台関係が緊張して台湾海峡有事になるような可能性はゼロといっていい。

●韓国は、日本の集団的自衛権解禁が周辺地域に不安定をもたらすものであってはならない、日本の防衛政策及びこれに関連する議論は平和憲法の精神に基づき、地域の平和と安定に対して貢献するべきである、歴史問題に対しても反省を加え、周辺諸国の疑惑を減少するように推進するべきだと強調している。

●「シー・レインを守っているアメリカ、オーストラリアまたはインドの船舶が攻撃されるとなれば、日本にとって非常に大きな衝撃となるから、日本としてはこれらの国々と一緒に（その脅威を）排除する（集団的自衛権の）権利を持つ」という北岡氏の発言は、極めて非現実的である。

●集団的自衛権の行使が必要だとする主張が挙げるいかなるケースも説得力がない。ありもしない可能性を理由にして第九条の解釈を変更するという主張には、疑問符をつけざるを得ない。

●尖閣諸島で日中が軍事的に緊張を高めた場合に、日本の要請に応じてアメリカが集団的自衛権の発動に踏みきる可能性はない。アメリカは、日中間で平和的に解決し、情勢を緊張させる行動を避けるべきであり、地域の平和、安全保障及び経済成長を破壊するような誤りを防止することが重要だとしている。

●オバマ政権の対中政策の基本は、アジア及びその以遠における両国の利害が収斂する課題において協力関係を深めながら、回避できない競争をうまく操縦していくということであり、尖閣問題のために米中関係を犠牲にする気持ちはさらさらない。

著者　浅井基文（あさい　もとふみ）
1941年生まれ。外務省条約国際協定課長、アジア局中国課長、駐英公使などを歴任。東京大学教養学部教授、日本大学法学部教授、明治学院大学国際学部教授をへて、2005年～2011年まで広島市立大学広島平和研究所所長。
著書に『非核の日本　無核の日本』（労働旬報社）、『平和大国か軍事大国か』（近代文芸社）、『ここが問題　新ガイドラインＱ＆Ａ』（青木書店）、『中国をどう見るか』（高文研）、『集団的自衛権と日本国憲法』（集英社新書）、『戦争する国しない国―戦後保守政治と平和憲法の危機』（青木書店）など。

装幀・デザイン　藤本孝明＋如月舎
DTP　編集工房一生社

すっきり！わかる　集団的自衛権Ｑ＆Ａ

2014年2月6日　第1刷発行

定価はカバーに表示してあります

著　者　浅井基文

発行者　中川　進

〒113-0033　東京都文京区本郷2-11-9

発行所　株式会社　大月書店

印刷　三晃印刷
製本　中永製本

電話（代表）03-3813-4651　FAX 03-3813-4656　振替00130-7-16387
http://www.otsukishoten.co.jp/

ISBN978-4-272-21107-4　C0031　Printed in Japan